U0750837

本书编委会

主　　编： 钟启锋

副 主 编： 高素娟　韩庆雄

成　　员： 钟新群　王玉芳　罗桂如　刘永洲

曾丽梅　刘静静　苏华丽　崔　婷

思·语

小学教学管理的感悟与探究

SIYU

XIAOXUE JIAOXUE GUANLI DE GANWU YU TANJIU

钟启锋◎主编

暨南大学出版社
JINAN UNIVERSITY PRESS

中国·广州

图书在版编目（CIP）数据

思·语：小学教学管理的感悟与探究／钟启锋主编．—广州：暨南大学出版社，2016.10
ISBN 978-7-5668-1909-3

Ⅰ．①思…　Ⅱ．①钟…　Ⅲ．①小学—教学管理—文集
Ⅳ．①G627.3-53

中国版本图书馆 CIP 数据核字（2016）第 184932 号

思·语：小学教学管理的感悟与探究
SI·YU：XIAOXUE JIAOXUE GUANLI DE GANWU YU TANJIU
主　编：钟启锋

……………………………………………………………………………………

出 版 人：徐义雄
策划编辑：陈绪泉　杜小陆
责任编辑：陈绪泉　赵梦银
责任校对：王嘉涵
责任印制：汤慧君　周一丹

出版发行：暨南大学出版社（510630）
电　　话：总编室（8620）85221601
　　　　　营销部（8620）85225284　85228291　85228292（邮购）
传　　真：（8620）85221583（办公室）　85223774（营销部）
网　　址：http://www.jnupress.com　http://press.jnu.edu.cn
排　　版：广州良弓广告有限公司
印　　刷：深圳市新联美术印刷有限公司
开　　本：890mm×1240mm　1/32
印　　张：7
字　　数：194 千
版　　次：2016 年 10 月第 1 版
印　　次：2016 年 10 月第 1 次
定　　价：29.80 元

前　言

“言之无文，行而不远。”经过全校教师的不断实践、辛勤笔耕，历时两年的酝酿，《思·语——小学教学管理的感悟与探究》终于完稿。它较好地记录了我校教师不断进行理论探究、实践探索的足迹，是学校近几年来教学科研成果的一次较为集中的展示。

加强教学科研工作，对学校而言，是建设现代学校的需要，是提高教育质量、增强竞争力的需要，也是形成自身特色、实现可持续发展的需要；对教师而言，是提高教学能力、促进专业进步的重要途径，是获得新信息、实现新飞跃的有力举措，在课题研究的过程中，教师们还能更新和转变观念，实现自我价值。我校教师充分地认识到这一点，许多老师正满怀热情地投身于这项有意义的工作。2014 年 6 月，我校成功申报了广东省德育课题“客家文化背景下的精进教育的校本研究”，并努力打造精进教育的校园特色，结合花都区教育局提倡的“科学课堂”理念，构建“R·H”融合课堂，教师们本着“来自实践，通过实践，为了实践”的科研宗旨，积极开展教学研究，以解决实际问题、改进课堂教学为首要目标，努力学习教育科学理论，并使之在实际工作中得以运用与发展，从而取得了一定成果。

本书收录了我校教师的 41 篇论文，分别归于“管理论坛”“德育方略”“教学探究”三个篇章，呈现了教师们开阔的探究领域、深入的思维触角，既有个性，又有共性。有的从管理角度探讨，有的从学科教学切入，有的是对某个问题的思考论证，有的是对某节课例的反思推敲。书中充满了鲜活的素材、生动的描述、独到的见解及真挚的情感，这都源于老师们对教育事业的无限热爱和对学生的无私爱护，源于老师们在教育教学工作中大胆的探索和执着的追求。本书凝聚着教师们的汗水与智慧，文章能以先进的教育思想、教学理念指导教育教学与管理实践，其中不乏有见地、有深度的力作。但由于时间仓促，加之篇幅有限，还有许多老师的优秀论文未及收录，甚是遗憾！

教海无涯，学无止境；跬步至千里，耕耘香满园。通过不断实践，不断总结，采他山之石，博众家之长，将会创造出前进小学未来教育的新辉煌。在此，也希望老师们“而今迈步从头越”，在更广的领域、更深的层面开展教育教学研究和实践，以创造出更多新的研究成果，共同铸造学校辉煌的明天！

钟启锋

2016 年 8 月 20 日

目　录

管理论坛

打造"精进"特色，领跑学校发展

钟启锋

一所好的学校就是一种优秀文化的象征。学校是传承人类优秀文化成果和培养新生代文化人的场所。教育不仅具有知识性，还能体现文化本质。通过几年的学校管理实践，我们认识到，学校间的差别主要在于办学特色存在一定的差异。学校办学特色是学校内部一切教育力量、教育因素的集合，一旦形成，它就会成为影响教育精神的灵魂，成为学校发展的外在环境力量。优质教育品牌蕴含着高品质的学校办学特色，而高品质的学校办学特色正是学校发展的永恒动力，引领着学校的发展。

一、"精进教育"特色产生的背景

学校特色是一所学校整体的办学思路和在各项工作中表现出的与众不同之处。"特色"是学校积极进取的个性的表现，一个学校的特色使之区别于其他学校，形成对比，突出自己的特点。我校是一所农村小学，地处客家人聚居的地区，当地学生全部是客家人。随着经济的发展，我校的外地生不断增多，我校学生20%来源于当地，80%是外来工子女。在一些不良思潮的影响下，学生养成了许多不良的行为习惯，如怕苦、怕累、自私、懒散、不思进取、无心向学等。如何发掘校本资源，启发学生的心智，形成学校特色，是我们一直思考的问题。客家文化源远流长，博大精深，是中华民族的优秀传统文化之一，它蕴含着学校素质教育的宝贵资源，如客家话、戏剧、音乐、舞蹈、工艺、民俗、建筑、人文、饮食等，对学生的成长有着极其重要的影响，尤其是其勤奋刻苦、开拓进取、精进的精神，更能激发和磨炼学生的意志。基于以上思考，我校确定了“精进教育”的办学特色。“精进”是我校办学的核心理念。“精进”，颜师古注：“精明而进趋也。”“精”指办学规模精巧，学校管理精细，培养目标精致；“进”指进取、进程、进展；“精进”取“精心一致，努力向善向上”之意。其重大的现实意义体现在：让每个学生都能接受精选的课堂教育，让每个学生都能实现融合的课堂评价，享受学校精心营造的育人环境，感受精美的校园文化，发掘潜能，陶冶情趣，涵养气质，发展个性特长。我们正积极利用地域资源优势，弘扬客家精神文化，开展“精进”教育。

二、奋力创建“精进教育”特色

（一）从本校实际出发，准确定位学校的发展方向

正确的发展方向，是办好特色学校的前提。选择和确立办学理念是学校实行校本管理、追求特色发展的首要任务。一所有特色的学校一定有自己鲜明的办学理念，它凝聚了这所学校的个性风格、文化品位和人才培养等特色。适合本校特色的办学理念一经确立，并成为全校师生共同追求的奋斗目标，学校的凝聚力、吸引力、向心力、感召力便会得以增强。创建特色学校是一项开拓性的活动，需要有科学理论的指导，这样才不至于迷失方向。一个学校要办出自己的特色，必须要有特色理论来指导自己的办学实践，这样才能找准富有特色的主题，确保学校特色建设沿着正确的方向前进。

我校遵循“以习为本，依本而习”的办学理念，以行动引领行动，以智慧开启智慧，以善意召唤善意，体现教育返璞归真、励精图治的本真特色。实施老师、学生、学校三位一体同步发展的策略，努力推进和谐共进教育建设，打造“有社会责任感的教育，有历史全局观的教育，有成长活跃度的教育，有时代开创感的教育”。

（二）营造“精进”的特色校园文化

学校环境文化是学校文化的重要载体和表现形式。苏霍姆林斯

基曾说过："我们的教育应当使每一堵墙都说话。"优化育人环境既是一种管理，又是培养人才的重要手段。我们知道，学校环境是一种隐性课程资源，开发利用好学校环境这一潜在课程，陶冶师生情操，将会产生润物细无声、潜移默化的教育功效。因此，我校特别注重校园文化建设，为保障校园文化建设的落实成立了"校园文化建设领导小组"，本着"整体布局，合理优化，量力而行，节俭高效"的原则，根据学校的办学理念，建设了一条"精进文化特色走廊"，两条"精进楼梯"。在学校操场对面的教学楼上，一块刻着"精进"的浮雕屹立在前，象征着师生渐进渐新、至善至真的精神，展示了师生和谐共进的"幸福笑脸"，从而形成了一条具有浓厚精进文化特色的校本文化艺术长廊。我校在每层楼的柱子上，悬挂着具有当地客家文化特色的画，还展示了学生设计的展现客家人精神的作品，以充分展示学生的个性与才艺；开辟了一个"我手画我家"的特色长廊，展示学生描绘美丽的家乡、客家人精神和客家人美食特色的作品，让学生在动脑、动手中充分地张扬个性。在开展客家文化实践探究的活动中，充分利用长廊中"经典伴我行"一栏进行中华经典文化的传承，尽力做到让"每一面墙壁会说话，每一个角落都育人"，努力构建优美、舒适、温馨、和谐的校园文化，使学生目之所及、足之所涉、耳之所闻都能够受到感染和熏陶，真正做到让"草木传情、墙壁说话"。

（三）用智慧打造教师团队

首先，校长要有特色意识和开拓创新的精神，从特色项目的确立，到学校特色的创立，直至特色学校的最终形成，要经历一个长期的过程，需要不断地提炼、传承、创新。

其次，要培养一支有特色、有智慧的教师团队。学校的育人目标是通过广大教师来实现的。一所学校的特色往往需要教师教学经验的积累与升华，教师是创办特色学校的真正财富，所以要关注教师的职业生存状态与生命质量的提升，通过教育实践变革，使教师体验到教师职业的尊严与欢乐。在"精进教育"办学理念的引领下，全体教师正在形成“善教善导、共勉共进”的教风，把“精进”教师团队打造成能给人以思想，给人以眼界，给人以胸怀，给人以感情，给人以文化的教师团队。

此外，我校注意充分利用网络资源对教师进行培训。充分利用校园网搜索、共享优质教育资源，提高教师的专业素养。每年定期聘请专家到我校进行教育教学指导，对我校教师进行专业培训。这些举措对提高我校教育教学质量，培养优秀教师队伍起到了促进作用。我校想方设法为教师提供平台，创造机会让教师外出学习、参观、交流、参赛，真正做到“请进来，走出去”，以开阔教师视野，帮助教师尽快成长。

（四）“精进教育”的课堂文化

课堂文化是学校文化的一种表达形式，是学校文化的基础载体，是学校的价值取向在课堂活动中的体现，是学校文化的重要组成部分。在新课程标准理念和本校“以人为本，关爱学生，彰显个性，主动发展”理念的指导下，在“R·H”教学模式研究的引领下，运用“（课前）创设生活情境，提出问题—独立思考，自主探究—（课上）小组合作，达成共识—全班交流，教师导疑—巩固新知，个性评价—（课后）拓展延伸，创造应用”的递进式教学模式。学校致力于打造“融合课堂”，让课堂教学与生活相融合，与其他学科相融合；教师以大的学科课堂观，营造学生学习的氛围，使之在一个和谐的氛围里，以一种愉悦的心情，在趣味中学习，在探究中学习，在合作中学习，在活动中学习，发现知识间的联系，感受学科的内在魅力。释放学生的灵性，激发学生学习的内驱力，促进学生的个性化发展，建立一种自然、和谐、开放、融入生活的新型课堂。

（五）开发“精进教育”的校本课程，完善课程体系

我校坚持以科研兴校的思路，根据学校已经立项的省级课题“客家文化背景下的精进教育的校本研究”，围绕课题努力开发“精进教育”校本课程，努力做到校本课程特色化，以低年级《感恩伴

我行》、中年级《经典伴我行》、高年级《仁爱伴我行》三个年级段的校本教材为基础，开发了《奋进伴成长》1—3 年级和 4—6 年级两本校本教材。该教材立足地方资源，特色鲜明，理念先进，结构严谨，条理清晰，富有童心，用家乡口吻娓娓道来，令学生爱不释手，进一步加强了学校“精进教育”的特色，加深了学生对客家文化背景下的“精进教育”的理解，彰显了学校特色。

(六)“精进教育”活动课程特色化

要加快学校特色创建的步伐，就必须有计划、有步骤地围绕学校的特色开展一系列有益的活动，只有这样才能充分调动教师和学生的积极性，达到良好的创建效果，使学校的特色尽快彰显出来。为适应教育形势的发展，我校立足地方文化资源，结合学生实际，构建以校园文化活动为载体，有自我特色的智慧办学模式。在办学实践中，不断发挥自身优势条件，着力探索教育的新思路，使教育面向每一个学生，陶冶学生的情操，张扬学生的个性，全面提高学生的整体素质，促进学校办学特色的形成。

1. 节日课程品牌化

每年五月，学校都会举行客家美食节。在活动中，以学生为主体，师生合作，亲子合作，全员一起行动。活动设有客家美食一条街：粉果、糯米饼、钵仔糕、艾糍等。有一位家长说：“学校的美食节为我们家长与学校、孩子搭建了一条沟通的彩桥。”

2. 活动课程社团化

国画走进校园。我校聘请著名画家姚湘洛担任国画班老师，学生们兴趣盎然。学生画的木棉花、牡丹花、荔枝、葡萄等在艺术节上展出，获得家长与领导们的称赞。

3. 节日课程特色化

一年一度的客家文化节节目丰富多彩：低年级举行“我最棒”歌舞比赛，中年级举行“我自信”书法比赛，高年级举行“我进取”演讲比赛。全校开展客家山歌歌唱比赛、客家话朗诵比赛、亲子联欢会，举行以客家文化为主题的手抄报、摄影展等。在这多姿多彩的活动中，充分展现了学生们学习和发扬客家人吃苦耐劳、团结进取的精神。

特色学校的打造是一个长期进取、积淀和张扬的过程，这个过程要始终注意教育创新，与时俱进。要在素质教育理论的指导下，整体发展，和谐发展。由“学校特色”到“特色学校”这个发展过程是复杂而曲折的，需要校领导与全校师生同心协力、持之以恒地搞创建，相信功夫不负有心人，一定会开出绚丽的特色学校之花，以特色领跑学校的发展。

参考文献

［1］李秉德．教育科学研究方法［M］．北京：人民教育出版社，1986.

［2］董奇．促进学生的课堂评价［M］//新课程与教育评价改革译丛．北京：中国轻工业出版社，2003.

［3］高孝传，杨宝山，刘明才．课程目标研究［M］．北京：教育科学出版社，2001.

浅谈小学校长的管理艺术

钟启锋

学校管理艺术，是校长在教育教学活动中富有创造性的策略和方法，是一位校长的德、才、学、识在学校管理中的体现，也是一位校长能否审时度势、灵活运用学校管理的基本原理的体现。因此，有人说管理理念是一门科学，而管理实践则是一门艺术。小学校长是最基层的领导者和组织者，只有懂得管理、学会管理，才能充分发挥师生及员工的积极性，使学校充满和谐、团结、积极向上的气氛，使教育教学质量逐年上升。因此，校长的管理艺术就显得非常重要。本文从以下四个方面谈谈笔者在管理实践中的体会。

一、提高校长的执行力

校长是教师的首领，需要将有效教学管理作为“基于人，为了人，提升人”的方式和手段，将“促进教师的专业成长”与“一切为了学生的发展”作为有效教学管理的根本任务。校长需要有现代教育科学理论知识、学校管理理论知识以及丰富的实践经验，这样才能有对教育政策的敏锐解析能力和理解能力，才能因地制宜地制定决策并及时调整，以求高效执行。校长不仅要学理论，还要善于实践，深入思考，不断创新，并在实践中有所突破，从而使决策的制定更符合实际需要，提高决策的正确性。决策的执行不是校长个人的“独舞”，俗话说，“一个篱笆三个桩，一个好汉三个帮”，学校的发展需要广大师生的鼎力合作。只有全体教职员工互相配合，劲往一处使，形成一股强大的合力，才能使决策落到实处。因此，校长要了解、满足师生的需求，在决策执行中凸显人文关怀；校长要有民主意识，时常和师生保持沟通，并在执行中及时跟踪、反馈、调整，形成良好的互动关系。有了决策的正确性和全体员工的团结协作，就拥有了“天时、地利、人和”，决策才能得到有效执行。“火车跑得快，全靠车头带”，在决策的执行中，校长是学校中层领导和全体师生行动的楷模。校长作为教育决策的坚定践行者，其体现出的脚踏实地的工作精神和严谨治学的工作作风，对师生具有明显的带动作用。“其身正，不令而行”，要求教师做到的，校长首先要做到。不说空话，身体力行，才有助于提高执行力，树立校长的威信。校长要脚踏实地地以“实干家”的本色，做好执行的“排头兵”“领头雁”。

二、以师为本，提供广阔的施展舞台

一支优秀的教师队伍是一个学校生存和发展的基石。所以，我们必须把教师的成长放在第一位，给他们搭建施展个人才华的舞台，让他们在完成工作目标的同时实现自我价值。我校组织师徒结对活动，每周分科组进行教研，周二进行语文教研，周四进行数学教研，周五进行英语教研。每周一次的教研活动，从备课、听课、说课、评课到专家点评，每一个环节都扎扎实实。我校组织具有丰富教育教学经验的中青年教师带动缺乏经验的青年教师，帮助他们从教材入手，合理设计教案，并根据每位教师的特点培养教学风格，提高授课水平，指导他们参加科研活动，使他们能在两到三年里成长起来，并具备承担区级以上公开课的能力。通过帮带制度，我校青年教师的成长速度很快，并且个个特色鲜明，各有所长。其中，曾丽梅和刘婷两位青年教师已经成为区中心组的教研员。

我们还坚持以“请进来，走出去”的形式进行校本教师培训。“请进来”是请专家辅导，请家长评估。从 2008 年以来，我校每年都邀请有经验的专家、教授来校讲学，以此提高教师素质。“走出去”即学校组织教师到外地听课取经。每年我校教师都外出学习，买一些必读书，如《我是人民教师》《班主任工作创新艺术 100 招》

《给年轻班主任的建议》《班主任工作艺术》《班主任工作漫谈》等。并采取集中学习和自由学习相结合的形式，期末要求教师写一份读后感，让教师在观念和理论上均有新的收获。

三、以生为本，塑造学生的个性人生

大千世界的魅力在于万事万物的多样性。同样，社会的多元化也要求我们尊重每个孩子的个性发展，所以，我们的教育绝不能“千人一面”。我们积极倡导“在活动中学习，在学习中活动”，以学生为本，让每一个学生都能创造自己亮丽的人生。除了抓好课堂教学外，我校举办各种活动兴趣小组，如：合唱队、鼓队、舞蹈队、篮球队、乒乓球队、足球队，每周定期开展主题活动，并安排指导教师。我校还聘请了花都著名画家在每周三下午给学生上国画课。结合学校的课题，我们开展了阅读卡制作比赛、客家故事大王比赛、爱心义卖等活动，通过举办客家文化节、艺术节、读书节、美食节等活动为兴趣小组搭建发展的平台，不仅拓展了学生的知识面，激发了学生的兴趣和爱好，培养了学生的意志品质和创新能力，也为学生的个性、特长发展提供了平台，还丰富了校园文化生活，让校园充满生机与活力。

四、培养师生良好习惯，提高管理效率

培养良好习惯比硬性管理的效果要好得多。俗话说，“习惯成自然”，好的习惯比任何规定管理起来都要有效得多。老师工作习惯良好，管理只需蜻蜓点水就行了，同样，学生养成了良好的学习习惯，老师管理班级就轻松多了。因此，校长要管理好一所学校，培养师生的良好行为习惯是必要条件之一。我校制定了文明班级评比制度，每周进行一次文明班级评比。通过一个学期的培养，我校师生能够做到自觉地遵守学校的规章制度，工作责任心强，不随意请假，对学生能够耐心辅导；学生能够做到爱上学，勤上学，不随意旷课，

认真按时完成作业，积极参与课堂学习。师生们都养成了良好习惯，学校的管理自然就轻松了，教学质量也随之提高了。我校连续四年获评花都区教育系统“先进单位”，教学质量连续四年获得区一等奖。

总之，提高学校管理艺术，必须“管”“理”并举，轻“管”重“理”，将“以师为本”的管理理念渗透到整个管理的始终和学校管理活动的各个层面，如此才能让学校充满催人奋进的精神，达到以管理创造显著办学效益的效果，从而推动学校和谐发展。

参考文献

[1] 祁团，丁莉莉．学校管理的艺术［M］．上海：华东师范大学出版社，2008.

[2] 吴国通．以教师发展为本 创新学校管理现代境界［J］．中国教育学刊，2008（1）．

实施人本管理　提升教师素质

钟启锋

学校管理是一门学问，更是一种艺术。在学校管理中，强制性的制度管理是必不可少的，而人文关怀更能体现管理的水平。学校的人文关怀，就是学校按照不同教师的不同需求，有序、和谐地进行不同层次的管理，它是促进教师的全面发展，调动教师的工作积极性和主观能动性的管理，是管理的较高境界。

人本管理是一种以人为本、以人为主体的管理。对教师进行人本管理，不仅能充分调动教职工的工作热情、主动性和积极性，还能培养和提高教师的专业素质，为建设一支结构合理、业务精良、师德高尚、充满生机活力的教师队伍起到促进作用。那么，怎样对教师进行人本管理呢？可以从以下五个方面着手。

一、加强道德教育，让教师拥有职业认同感

教师个人发展的内在动力来自教师正确的职业观。古人云："师者，教人以德者之称也。"其一言一行、一举一动，都会在学生心目中留下深刻的印象。教师工作是神圣的，也是艰苦的。当教有所成时，教师会感到无比欣慰和自豪。但由于工作的辛苦，加之社会上一些不良风气的影响，有些教师难免滋生出功利主义和利己主义的思想，这些需要坚决摒弃。因此，突出人本管理，实行人文关怀，加强师德建设，开展凝心工程是学校工作的一大主题。

随着社会的发展，人民生活水平的不断提高，人们对知识需求的日益增长，对教育的要求也越来越严格，这就要求我们教育工作者从思想上认识到自身工作的重要性，更新教育观念，树立正确的

教育观，努力提高职业道德水平。培养和提高教师的专业素质，首先要改变教师的思想认识，提高教师的职业道德水平。

师德建设中，首先，学校管理者必须摆正自己的位置，关心教师生活，尊重教师人格，尊重教师的工作，尊重教师的合理需求，尊重教师的价值和奉献。每一个人都具有独立的人格，都具有做人的尊严和应有的权利。教师，作为享有“一日为师，终身为父”荣誉的人，把人格与尊严看得尤其重要。从这个意义上讲，校领导一定要尊重教师，这样才能感染他们去尊重学生。无论是校长，还是主任，或普通老师，无论在什么时候，什么地方，什么工作上，都要尊重每一位教师，保护教师应有的尊严和权利。如此，教师对自己的工作会更有热情，更有信心，对自己的要求也更加严格，会尽最大努力去完成教学计划和任务。

其次，引导教师正确地看待教育主体，自觉调整心态，通过提高自身修养来完善自我，并在此过程中，逐步提高自己的教师职业价值观念，树立新时期的教师形象。每一位教师在教育实践中身体力行，涵养品行，积小善为大德，积小行为大节，从而达到为人师表的崇高道德境界。

二、抓班子带队伍，促进学校不断发展

学校管理工作其实充满辩证法，“大繁”与“大简”往往是一个问题的两面。作为校领导，就是制定学校发展方略，就是选好人，用好人，解决学校管理中的棘手问题。俗话说：“用人不疑，疑人不用。”对“行政一班人放心、放手、放权”，使他们大胆工作，有创造性地工作。只要是有利于学校教育事业发展，有利于调动教师教书育人的积极性，有利于促进教师发展，有利于提高教育教学质量的事，就让行政一班人去干、去闯。做出成绩来，校长应给予充分肯定；工作中出现失误时，应给予其指导和鼓励，充分调动中层干部管理人员的积极性，使他们愿意在自己的工作岗位上尽心尽力地工作，实实在在地为学校教育教学工作服务。狠抓班子队伍建设，

要求班子成员带头深入第一线指导教育教学工作，深入教学第一线，上好语文、数学和英语课，教学质量名列同年级前茅，给教师起表率作用。要求班子成员经常深入班级听课，互相切磋教艺，提高课堂教学质量。深入学生和教师中，了解他们的生活和学习情况，为他们排忧解难，做好教学服务工作。领导者、管理者常常需要把自己的位置放低一点，只有对自己“举重若轻”，才能对学校工作举重若轻，从容不迫才能达到用心管理的最佳状态。这样，领导班子就能为教师树立良好的榜样。

三、努力创造宽松、和谐的工作氛围

对于每一个教师而言，校园生活伴随着他们的职业生涯。而和谐、宽松的工作环境，良好的心理氛围能够让人产生一种安全感和归属感。

要建立以人为本的管理模式，必须尊重教师人格，给教师工作环境和心理空间一定的自由度。不管职务大小、学历高低，教师们在人格上都是平等的，管理者要一视同仁，为其营造一种舒畅的心理氛围。学校管理者的责任之一，就是和教职工建立命运共同体，形成一个互相学习、各取所长、相互合作、真诚相待的学习型、工作型组织，这样，教职工才能以健康的心理对待竞争。同时，要热情解决每一名教职工遇到的困难，做好集体的当家人，成为教职员工深深信赖的朋友。

根据他们的特点，学校可以在网站上开辟“心灵港湾”“文学园地”“教师风采”“教学随想”等栏目，为教师们提供交流的机会。学校还可以主动给他们创造交友和施展才华的平台，如鼓励教师参加演讲比赛、知识竞赛、辩论会、歌唱比赛、书法比赛、绘画展览、舞蹈比赛、手工艺品展等。组织与友邻单位的联谊活动，尽量创造条件鼓励和支持他们在不影响工作的情况下积极参加，并主动收集相关活动信息，满足他们健康交友的需求。这样，他们的业余生活丰富了，心情就愉快了，自然会把好心情转化为工作热情，把爱心倾注在学生身上。教师的兴趣得到了满足，特长得到了发挥，教学工作自然能够结出丰硕成果。

四、夯实专业培训，增强职业成就感

扎实的专业知识和娴熟的职业技能是事业取得成功的基础。因此，我们必须夯实教师的培训工作，强化专业技能，促使教师在专业化成长的道路上又好又快地发展。

在教师的继续教育中，学校的自培无可非议地应该成为主阵地。我们积极落实自培目标和计划，根据不同教师的具体情况，着眼运作、面向全体、分层培训，努力提高教师的业务素质。同时，充分发挥学校的基地功能，从内容和形式上向兄弟学校辐射。

（一）新教师的入门培训

对新教师进行入门培训的目标是进一步加深其对师德规范的认同，进一步强化其专业思想、调整师德规范，使其进一步掌握主要学科的教材教法，提高教育教学的实际操作能力，从思想上和业务上尽快适应教育教学工作，缩短从一个合格毕业生到一个合格小学教师的周期。具体可以从三个方面着手：一是引导他们做好角色的转换，主要由学生转为教师，对他们加强工作责任心教育及组织能力的培训；二是狠抓教学常规，在备课、说课、听课与评课等方面着重指导；三是实行师徒结对，给每位新教师配一位富有经验的教师为师傅，在教学工作、班主任工作等方面进行“知、能、操、行”的传、帮、带。

（二）青年教师的提高培训

我校是一所年轻的学校，青年教师居多，他们是一支充满生机、乐于进取、奋发向上、大有所为的队伍。对青年教师的培训，坚持政治上高标准、严要求；业务上压担子、放手任用；生活上热情关怀，为他们的成长创造良好条件，使他们迈上一个新台阶。

首先，给青年教师树榜样。注重宣传先进教师的事迹，发挥学校优秀教师的榜样作用，引导青年教师不断进取。

其次，积极开展各项活动，把培训工作落到实处。为了落实培训青年教师的各个环节，根据青年教师的特点，开展各种教育教学活动，通过观摩、研讨、考核、评比等形式，给每位青年教师创造自我表演的舞台，提供成功的机会。如举行朗诵比赛、健美健身操比赛和粉笔字比赛等，并面向全体教师分层进行，让每一位教师都有成功的机会，获得成功的喜悦。

再次，创设各种条件，优化培训环节。积极为青年教师创造条件，为他们提供深造与学习的机会，敢于压担子，使他们尽快成长起来。

（三）培训内容与培训方式符合教师实际，注意培训内容的选择及方法的合理

一是“请进来”。请专家作讲座，帮助教师进一步转变观念，获取新的教育信息。二是“走出去”。每当市或区举行教育教学研究活动时，便组织教师外出学习、听课，拓宽教师的视野，开阔教师的眼界。三是“重科研”。通过课题研究活动，带领教师搞科研，强化科研意识，提高科研水平。

五、运用激励机制，让教师有成就感

生命有限，智慧无穷。教师通常都潜藏着大量的才智和能力，最大限度地开发教师的潜能，充分调动他们的工作积极性和创造性，让他们以极大的热情和创造力投身于教育教学改革，这是学校管理的最高境界。进一步说，学校采取积极措施开发教师的潜能，让教师自由而全面地发展，也是学校管理成功的标志。

每位教师都有对成功的追求，这种追求会成为一种内驱力，激励一个人不懈努力，去实现自己的社会价值和个人价值。管理者要充分认识到这一点，让学校成为教师大显身手的舞台。

首先，学校要鼓励每个教师去追求优秀与卓越，鼓励教师积极进行教育改革，努力成为名师。其次，学校要为教师创造各种成功的机会与环境。如定期组织教师进行教学基本功竞赛、开展“一日

开课”活动、组织“年级组教学竞赛”、开展“教科研沙龙”、积极争取上好校外展示课、推荐优秀论文参赛等。积极引导教师投身于科研改革与探索，在实践中提高自己的教学能力与理论素养。再次，学校积极实施“名师战略”。学校积极为教师争取到校外交流的机会，认真指导教师做好交流准备。为教师的成长做好铺垫性工作，尽一切努力让教师站在学校的肩膀上看得更远，跳得更高，做得更棒。同时，对教师取得的教育教学成果要给予积极的肯定，设立学校贡献奖、教师个人成就奖，鼓励教师成为名师。学校要不断建立和完善奖惩制度、量化考核管理办法、聘用制的管理办法、竞聘上岗的实施等，在逐渐规范教师的教育理念和教育行为的基础上，本着“奖勤罚懒、奖优罚劣；能者上、庸者下；强者生存、弱者让”的管理理念，不断引入竞争激励机制。让教师在竞争激励机制的氛围中，充分发挥自身的优势，工作勤奋，积极进取，不断创新。最后，积极进行成果展示。学校对取得成功的教师，除了进行物质奖励外，更要注重精神奖励。把他们的名字载入学校光荣簿，把他们的荣誉证存入学校荣誉室，把他们戴光荣花的照片挂在校园公示栏，把他们的事迹传播到社会上，把他们“先进教师”的奖状送回家……通过这些做法，教师会充满成就感，也激励了更多的教师更加勤奋地投入到教学工作和学习中去，努力提高自身素质。

总之，在学校管理中，只有真正以人为本，以教师为本，“以人的发展为根本”“为人的发展服务”，学校的教育才具有生命力和活力；只有让教师的工作有“后台”、学习有平台、展示有舞台；让教师教得安心、工作放心、生活舒心，才能让教师们在自己的职业舞台上散发光彩与魅力，从而实现学校管理的最优化。

参与文献

[1] 王洪明. 教师素质的构成及培养 [J]. 教育探索，2001 (8).

[2] 王炳学. 创新培训方法　提高教师素质 [J]. 中国科教创新导刊，2009 (17).

[3] 宋扬. 论“以人为本”的管理思想在学校发展中的运用 [J]. 江西教育科研，2001 (6).

德育方略

国学课堂的德育价值研究

韩庆雄

引　言

德育工作在小学阶段意义非同寻常，它不仅可以促进小学生形成良好的人格，还能使小学生实现“德智体美劳”的全面发展。因此教育者应尤为注重学生德育工作的有效性。而提高德育工作的有效性，可以充分运用传统文化，建立国学课堂。

一、小学阶段进行德育教育的重要意义

（一）促进小学生形成良好的人格

加强对小学生的德育教育，能够促进小学生从小树立正确的人生观与价值观，自觉远离社会上的不良现象，杜绝社会不良风气的侵袭，有利于良好人格的形成与发展。

（二）实现德智体美劳的全面发展

多年来，教育界提倡促进学生的“德智体美劳”全面发展，一直将德育作为人才培养的首位。德育是一切工作的基本保障，可以促进小学生德智体美劳的全面发展。

二、国学课堂对于小学德育的价值

（一）深化德育教育内容

国学课堂所教授的内容一般为我国传统文化中的精华，而传统

文化又有着重要的德育内容，所以开设国学课堂，是对德育教育内容的深化。

（二）丰富德育教育形式

目前很多学校德育的形式仅限于学科渗透，而开设国学课堂，可以丰富德育教育的形式，使德育形式多样化，更有利于德育工作的开展。

（三）促进传统文化传承

开设国学课堂可以使小学生接受更多的传统文化教育，从而促进传统文化的传承。

三、国学课堂开设构想

在小学阶段开展国学课堂，是很多学校正在做的，但是取得的成果却参差不齐。总结经验教训，对于开设国学课堂，笔者认为应该做出系统构想，从校本课程、开展活动、提高教师素质等方面都做出具体的规划。

（一）开发国学课堂校本课程

由于国学课堂在我国开设的现象并不普遍，因此无论是教材，还是课程设置，或者是考查，都处于探索之中。由于缺乏经验，一些学校开设的国学课堂不免有些形式主义色彩，学生对于传统文化都是一知半解，德育效果就更难以想象。因此这样的国学课堂是收效甚微的。因此，要开设国学课堂，就要开发相关的校本课程，通过教师共同研讨的形式，来确定课程的实施方案。

1. 校本课程的界定

所谓校本课程，就是基于学校开发的课程，主要是弥补国家课程的不足，从目标、内容到形式都不是国家学科课程的翻版。从课程内容上来看，它不是以分科性的学科知识内在逻辑系统来组织知识体系，而应是综合性、统整性的知识结构体系；从课程的实施来看，它应是探究性、实践性的教与学方式；从课程目标来看，它应是国家课程的必要补充，与国家课程相辅相依，具有互补性的特点。

2. 国学课堂校本课程的开设重点

对于国学课堂校本课程开设的重点，是通过经典的学习与诵读，激发学生热爱祖国、热爱家乡、热爱传统文化的情感，使学生在传统文化的学习之中，培养毅力，增强自信心，形成良好的人生观、价值观，受到传统文化熏陶，达到潜移默化的道德教育作用。

3. 国学课堂校本课程的内容

当前，大多数学校开设国学课堂，都是以国学经典诵读为基本课程内容。而开发国学课堂校本课程的同时，学校对于国学课堂的基本内容也应有所规划。国学经典诵读自然是一大重点，但仅仅诵读是不够的，学校应该详细制定校本课程的内容，尤其是要通过教师的讲解来使学生确切地理解传统文化，从而进一步形成德育认知。

（二）开展形式多样的传统文化活动

国学课堂应该是一个不同于普通课堂、形式多样、内容丰富的传统文化宣扬阵地，只有这样，传统文化才能更容易传递给学生，才能更具生命力。一些学校开设的国学课堂只是简单的国学诵读，即诵读《弟子规》《三字经》等传统文化著作，然而诵读之外，学生究竟通过国学课堂获得了什么认知，人格素养是否得到提升，我们不得而知。唯一能够确定的，是这样的国学课堂是不受学生欢迎的，也是具有一定局限性的。为此，笔者认为，开展传统文化活动，就需要形式多样，内容丰富，方可大大提高德育效果。

1. 讲故事

小学生都是喜欢听故事的，在国学课堂中，教师可以将一个个历史典故以讲故事的形式展现出来，使小学生在听故事的时候也能够得到德育的熏陶。例如，《三字经》中的“香九龄，能温席。孝于亲，所当执”，小学生难以理解三字经中每一句话的含义，这个时候国学课堂的教师便将这两句话扩展成一个完整的故事：汉朝的时候，有一个叫黄香的人，在九岁的时候就已经懂得孝顺长辈的道理。他会在炎炎夏日用扇子为父母的枕席扇风，为的是使父母的枕席更为凉爽，使蚊虫不去叮咬父母。而在数九寒冬，黄香就会用自己的身体为父母温暖枕席，使父母觉得温暖。后来，黄香温席的事迹传到了京城，由于他是江夏人，所以被称为“天下无双，江夏黄香”。在讲述这个小故事的时候，学生都竖耳倾听，并且一边听一边反思自己对父母的态度，产生了愧疚感，于愧疚感之中，学生也强化了孝敬父母的意识。

2. 情景剧表演

针对一些需要向学生传授的传统文化知识和向学生渗透的德育内容，为了更好地达到效果，教师可以开展情景剧表演，让小学生也过足“演戏”的瘾。比如，针对《弟子规》中的“兄道友　弟道恭　兄弟睦　孝在中”，教师要求学生以小组为单位，以此为主题排演小剧本。由于小学生多数是独生子女，难以感受到“兄弟睦　孝在中”的情感，但是他们在小剧本的编排与表演中，对于兄弟姐妹的手足之情能够有一个更深入的体会，这种“润物细无声”的德育效果要远远好于教师的机械说教。

3. 主题日活动

不同的传统文化节日，有着不同的重点，但是多数都蕴含着丰富的德育意义。比如，中秋节是阖家团圆的节日，在中秋节开展一些以亲情为主题的活动，可以促进学生对于亲情的认知；清明节是祭奠先人的节日，在清明节可以开展烈士陵园扫墓活动，使学生在此过程中缅怀先烈，树立感恩之心等。这些主题日活动有助于提高学生的人格素养与道德感知能力。

4. 开设“新六艺”选修课

国学课堂可以为全校设置选修活动时间，开设书法、经典诵读、国画、武术、京剧、二胡、扬琴、象棋、围棋等多门选修课，一到六年级学生可以依自身兴趣爱好，参加各种选修活动，张扬个性，发展特长，在各种选修课中，提高自身的人文情怀，突破自我，达到“大德育”之效。

（三）提高国学课堂教师素质

国学课堂是对学生进行传统文化教育与道德熏陶的阵地，因此教师素质是不容忽视的。国学课堂教育的终极使命是“让人成为人”，作为人文学者的国学课堂教师，直接承担着培育学生人文情怀、塑造学生人文性格的人文使命。生命的重复决定了文化的重叠，精神文化是超时空的。如果教师素质低下，所掌握的国学知识单薄，或者缺乏人格魅力，会使学生对国学课堂产生怀疑。为此，学校应该加大教师培训力度，引导教师诵读经典，增强自身的国学素养，以渊博的知识和优雅的谈吐打动学生，将德育幻化为无形，对学生进行更好的熏陶。

四、结语

以上，我们对国学课堂的开设进行了初步构想。小学要想增强德育效果，就要从传统文化的“根”上下功夫，这样才能使德育有更加肥沃的土壤，培育更多祖国的花朵。

参考文献

[1] 杜霞. 国学经典教育的尺度与分寸 [J]. 教育学报，2012（1）.

[2] 干春松，李伟波. 现代中国的国家意识建构和文化自觉——国学热的昨天和今天 [J]. 哲学动态，2011（2）.

[3] 纪宝成. 重视国学学科建设加强传统文化整合教育研究 [J]. 中国高等教育，2011（15）.

[4] 翟海燕. 国学，穿越时空的经典——浅谈我园在“国学经典教育”中的实践与探索 [J]. 才智，2012（5）.

春风细雨化坚冰

高素娟

爱是一种信任，一种尊重，一种鞭策，一种激励，一种能触及灵魂、动人心魄的教育力量。有了无私的爱，教师才能走进学生的心灵深处，才能使师生关系更加密切、和谐。班主任不宜只扮演严师的单一角色，应力求既是严师又是良友，既要有教师的尊严，又要努力形成自身的凝聚力和向心力。“亲其师”才能“信其道”，才能“受其术”。平时，班主任应该摘下教育者的“桂冠”，融入学生中，与学生坦诚相见，推心置腹地商讨问题，找到解决问题的途径。这样的教育，才是最生动、最有效、最深刻的教育。笔者从日常的班主任工作中总结出以下几点心得与体会：

一、克制情绪，冷静处理

教室里，同学们安静地在做作业，笔者坐在讲台上批改当天的作业，发现少了一本，便说：“请没交作业的同学把作业交上来。”教室里鸦雀无声，没人回答。经过仔细检查，笔者发现第一组的小伟又没交作业，便问：“小伟，你的作业呢?”小伟开口就说：“没做。”“你为什么不做?”他说：“不想做就不做。”笔者很想将小伟批评一通，可又清楚地知道：不论遇到什么情况，教师都不能对自己的学生耍脾气。便说：“做作业是对所学内容的巩固，学生当然要做作业了。”想不到他火冒三丈，嚷道：“我不是你的学生，不用你管。”他的话令笔者着实尴尬，作为一位有着多年班主任工作经验的老师，差点下不了台。笔者知道这时如果强令他走出教室会有怎样的结果，便笑着说：“你现在还在我们班教室，就说明你还认我这个老师，我当然也认你这个学生，既然你是我的学生，我就要尽我的能力去教育我的学生，哪有老师与自己的学生斗气的呢？我无论作为老师还是成人，都会原谅你的缺点，我希望你能改正。”他一言不发地坐在座位上。回到办公室，笔者给他妈妈打了电话，把情况跟他妈妈说了一下，在这过程中笔者了解到：小伟性格倔强，父母一批评就离家出走，所以连父母都不敢过多地批评他。在学校，同学们也都不愿理他。整整一天，笔者苦思冥想都找不到解决问题的办法，只能先放下，看看他这段时间的表现如何。

二、严松有度，晓之以理

笔者决定一段时间“不理”他，“冷漠”处之，他交作业就批改，不交也没关系。一天，他突然拿着书本，走上讲台说：“老师，我背书，可以吗？”笔者十分高兴。他流利地背完了，笔者拍着他的肩膀说：“小伟，你真棒，继续努力。”这句话似乎化解了他的敌意，当他抬起头时，眼神里流露出一丝悔意。后来，笔者与他多次谈话，得知在他读五年级的时候，一位老师由于缺乏调查，以为他到游戏机室玩游戏，学校和家里的批评使他怨恨老师，于是总与老师作对。经过多次心与心的交流，他感受到了老师的宽容和真诚，于是他决心改掉老毛病，用功学习，不令老师失望。最近他的行为和学习成绩均有好转和进步，笔者发现他的进步就及时予以表扬。在初步成功后，小伟的自信心也增强了，做事没那么懒散了，再加上家长教育方式的改变，他现在已达到班上中等水平了。在一次测验评卷后，笔者故意笑着问他：“小伟，你还认我这位老师吗？”他不好意思地低下了头。为师之道，唯有真诚、信任与宽容，这样师生之间的心才能贴得紧紧的，学生才能“亲其师，信其道”。

三、春风化雨，以情育人

事后，笔者不断反思自己：作为一名老师，采用宽容的方式帮助学生改正缺点，学生更容易接受。学生因种种原因，受到老师及家长的批评，或者努力去做某事却又无法达到预期的目的时，便有了挫折感，这都会令学生感到不愉快。笔者之所以成为小伟攻击的对象，实际上是他对近期内的挫折所作出的反应。因此，当学生有了缺点时，教师不能一味地指责、罗列他的缺点，而应该给予学生鼓励与帮助，要给受挫者一些令人愉快的情感慰藉，以减少其负面情绪与攻击他人的可能性。在对有缺点的学生提出建议与要求以前，老师应寻找最好的教育时机，发自内心地、客观地肯定其优点，在欣赏和赞美中使其具有充分的自信心和成就感。在此基础上再指出其不足，并表示出对其改正缺点的真诚的期待和信心。否则，将会把自己置于一种尴尬境地，使一切为了学生的苦心与努力付之东流。

从这件事中，笔者还深深地体会到：作为一名老师，在处理一些看似简单的事情时，既不能简单粗暴，也不能小题大做。由于我们面对的教育对象正处于身心发展阶段，他们各方面都还不成熟，如果老师一味地对他们说教或冷言冷语，不仅对解决问题无益，反而会在学生纯洁的心灵上留下难以抹去的阴影。学生最需要的是老师的关怀、爱护和理解。作为老师，我们需要多动脑筋，以心换心，用真诚与关爱获得学生的信任与理解。只有真诚与深沉的爱，才能温暖一颗冰凉的心。

亲其师而信其道

范佩娟

古人云："亲其师，信其道。"这句话道出了教学上一个朴素而有效的道理。意思是说，学生只有亲近自己的老师才会相信老师所说的，才能接受老师的教育。这样教师才能用无声的行动代替有声的命令，学生才能信服。作为一位成功的教师，不仅仅是传授知识给学生，还应与学生顺畅沟通、真诚交心。那么，如何做到让学生亲近你，信任你？笔者认为最重要的是教师与学生之间真诚平等相处，让学生打心底里觉得你可靠、可信，自然会亲近你，视你为良师益友。

一、融入学生的世界，做学生最亲近的人

（一）蹲下身来，学会用学生的语言与他们沟通

语言是人类最重要的交际工具，是人们进行沟通的符号系统。各个民族都有自己的语言，殊不知，学生也有学生的语言。平日里，我们都习惯了自己的一套说教语言，摆着一副教训的态度，从不去了解学生想表达什么，因此，与学生沟通不畅。如果我们平时多留心学生的一言一行，就会发现，学生有自己的语言表达方式。如果你运用他们的语言与其沟通，以一种平等的方式与其相处。那么，学生会觉得你极具亲和力，自然地，跟你的距离就拉近了。笔者这几年都是任教毕业班，有些学生已经有朦胧的青春期意识。对于早恋这一敏感话题，笔者一般不在学生面前提，而是将问题淡化，让学生觉得老师在关心他们，而不是责怪他们。

（二）了解学生的生活乐趣，以学生之乐为己乐

想成为学生亲近的人，你就必须知道他们喜欢什么，不喜欢什么。如小孩子都喜欢看动画片，很多老师与家长都认为看电视无益而强加制止。我们曾经也是小孩子，也有过这样的爱好，当时应该很讨厌被制止看电视吧。其实，很多动画片中都蕴含了许多做人做事的道理，加以指导是可以让他们看的。在上《法在我们身边》时，笔者首先让学生观看了《喜羊羊与灰太狼》里面的一个片段视频，内容是讲述灰太狼违反了交通规则，被包包大人（大象）逮住了，教育学生们要遵守交通规则，具有教育意义。同时，也让学生感到原来老师也喜欢他们所喜欢的，便会把你当做朋友，更亲近你了。

（三）分担学生的烦恼，做学生的知心人

要想更加透彻了解学生的世界，融入他们的世界，必须要让学生认为老师是他的知心人，能够分担他的烦恼。小学生常常会为一些小事争吵。一方面，从小学生的心理上讲，他们往往以自己为中心，不了解别人的心理和要求，不容易接受同伴的意见，常常通过争吵的形式来争辩说理，来了解对方的想法。另一方面，通过争吵来激发学生表达内心的想法，从中学会忍让、宽容、接纳别人。老师要想成为学生的知心人，就要学会处理他们争吵的方法。我们要耐心听，不要急于解决。发现他们争吵时，只要不是太激烈，不会发生过激行为，不会造成伤害，就要耐心听他们争吵的原因，做到心中有数，一般不要急于管，他们把话说完了或是意见统一了，自然就不争吵了。我们再给予正确的评价，给他们讲清道理，以理服人，并教育他们相亲相爱，和睦相处。

笔者所带的五年级 3 班，有些同学有很多缺点，但也有自己的优点。我们不要把他们的缺点无限扩大，应该看到好的一面。一个班集体就是一个大家庭，老师不希望缺少任何一个学生。有时，个别同学得不到他人的理解，但是老师一直都在关注你，你不要因此而气馁。

有一次，班上的小杰跟小婷为一支笔争吵起来，起因是杨俊杰抢了思思的笔。我立即提醒他们专心上课。班会课时，笔者讲了一个故事，然后让他们去想最好的解决方法。小杰是做错了，但小婷跟着吵闹也是不对的。笔者告诉他们，在什么时候做什么事情，你心中应该清楚。在你想发火的时候，请在心里默数三下，先让头脑冷静下来，不要做出自己也觉得笨的事情。

老师跟学生接触多了，沟通多了，久而久之，学生们心理上就会认准老师是他们可以信任和依靠的知心大朋友。

二、关注学生成长，做学生知识的引导者

（一）用一个微笑换取学生的笑脸

要想成为品德高尚的老师，我们要做到无愧于学生，无愧于自己。当你把引领当成一种习惯，把关注当成一种不可推卸的责任，把真心化作无限的关怀，那就是孩子心中最尊敬的老师。现在很多老师上课一个样，下课一个样。上课时严肃冷酷，让学生心生畏惧，战战兢兢，小腰一直板直板直的。整节课下来，课堂气氛严肃而紧张。但如果换一个方式结果会截然不同。例如，上课伊始，微笑着对学生说："欢迎你们来到我们的品德课堂。"课堂结束时，微笑着告诉他们："谢谢你们的积极思考，积极发言。"这样，学生每次看见老师也会报以甜甜的笑脸。心理学家发现：笑是人类交流的最古老的方式之一，而在此之前，笑只被看作是人类幽默感的体现。笑是一种感情沟通，是感情的一种传递方式。在生活中，最令人愉快，最善待别人的表情就是笑。既然笑这么美好，为什么我们不能多笑呢？调查发现，爱笑的老师比严肃的老师多。久而久之，严肃老师教导下的孩子面部表情都比较麻木，爱笑老师教导下的孩子也喜欢笑。

在学习《圆明园的毁灭》这一课时，笔者深情地说："历史不能改变，但我们不会忘记历史。我们不会报复，但我们自己必须强大。孩子们，我们要不忘国耻，振兴中华。记得邓小平爷爷说过，落后就要挨打。国与国，家与家，人与人，这道理都适合。"快下课

了，学生们都在写感想，小鹏突然指着视频问："老师，这些都是真的吗?"这些孩子都是浸在糖水里长大的，生长在我们国强家富时期，怎么能够理解国家的百年屈辱史。孩子是天真、可爱的，他们的想法有时会让我们始料不及，这又在情理之中。无论学生有怎样的想法，老师都应耐心倾听，并微笑着鼓励他们把心里不一定正确的想法说出来，而不会产生被老师斥责的恐惧。

（二）言传身教，从自身做起，做学生的榜样

老师无意间的一个动作或一句话都可能会让一个学生发生很大的变化。笔者在教学《家乡水的故事》时，问学生们："你们在生活中见过浪费水的现象吗？你会怎样劝告他?"问题已提出，学生纷纷举手，畅谈自己的所见所闻所想。有的学生说："我会告诉他，水是很宝贵的，请节约用水。"有的学生说："我见过有人洗完手，不关水龙头，真是浪费啊!"还有的学生说："我想设计一些节约用水的宣传语，就是：不要让我们的眼泪变成最后一滴水。"一石激起千层浪，充分调动了学生参与课堂讨论的积极性，也让他们知道了节约用水的重要性。

对于"亲其师而信其道"，笔者所了解的尚粗浅。时代不同，学生的思维也不同，他们有着丰富的想象力和创造力，需要老师花更多的时间、更多的心思去了解他们，融入他们，让他们觉得老师是可以亲近的人。如果老师怀着一颗真诚的心对待学生，相信老师也会获得学生的真心与尊重。"路漫漫其修远兮"，让我们努力成为一名当之无愧的人民教师，让学生在我们的带领下健康快乐地成长。

参考文献

［1］雅琴．小故事大道理：第2版［M］．北京：海潮出版社，2007.

［2］义务教育品德与社会课程标准：2011年版［M］．北京：北京师范大学出版社，2012.

［3］李爱华．生活即教育——真实践主题活动探究［M］．北京：北京师范大学出版社，2009.

让爱心滋润孩子的心灵

罗银友

一位哲人曾经说过："教师的爱是打开学生心灵大门的钥匙，教师的爱会溶化学生心灵上久积而成的坚冰。"八年的教育生涯，使笔者深深地懂得，教师的爱包含了崇高的使命与责任，这种爱是教育的桥梁，是教育的推动力，是"问题学生"转变的催化剂。自从踏上这个工作岗位的那天起，笔者就一直坚持以自己全部的热忱和爱心去滋润每一个孩子的心灵，这也是作为一名教师的责任。

爱学生，首先就要信任学生。信任是一种无声的鼓励，是对人能力的一种肯定，能催人奋发，给人信心。现在的学生都是家中的独生子女，他们往往会感到孤独、弱小与无助。如果教师能给予他们充分的信任，学生就会觉得自己受到了肯定、认可与尊重，便会增强克服困难的勇气，增添完成任务的力量，增加知难而上的信心。笔者所教过的学生中，有一个极内向的学生。记得刚插班来的第一天，课间操时同学们都下楼去做操，回教室上课时他却不见了。于是，笔者在校园里到处找他，大半个小时后，终于在三楼一个教室的后门找到了他。原来他跑错了教室，又不知道回自己教室的路，只好躲在那里哭。笔者轻轻地拉着他的手，什么都没说，把他带回了教室。事后，与家长取得联系，详细了解了这个学生的情况，从父母口中得知，他很没自信又胆小。于是，在以后的学习和生活中，笔者对他特别关注。上课时，会多让他回答问题，答对了，重重表扬；答错了，就笑着让他坐下，给他讲解。课间，他一个人孤零零地坐着，就上前与他聊天，并要求其他同学和他交朋友，多多帮助他。现在的他变得大胆、自信，会主动跟老师说话，上课也愿意回答问题了，在户外活动时也能和大家一起玩得很高兴。一次小小的成功，在我们眼中可能毫不起眼，可在学生心中的分量却很重。我们的学生可能不是最能干的，可他如果能不断取得成功，哪怕是很小的成功，对他的成长都很有帮助，我们应给予鼓励和赞赏。

其次，对学生要宽容。苏霍姆林斯基说过："要像对待荷叶上的露珠一样，小心翼翼地保护学生幼小的心灵。"我们不能因为学生的不成熟而忽视对他们人格的尊重。老师对学生的尊重和理解，是对孩子最好的教育。

前不久，班上偶尔有同学反映下午来校时发现有东西丢失，开始笔者以为是学生自己没收拾好，只是在班会课时对学生进行了教育。后来频繁地有同学反映丢东西，这引起了笔者的警觉。直到有一次，一个女同学丢了钱，经过私下调查终于找出了那个"小坏蛋"。笔者把他单独找到办公室，轻声地询问他事情的原委，他支支吾吾半天才承认钱是他拿的。学生毕竟年纪小，犯错误是不可避免的，如果一味地恶语相向，或是冷嘲热讽，说不定会加剧矛盾，形成恶性循环。我对他说："老师一直认为你是个好孩子，这次一定是你一时糊涂才做错事。老师给你一个机会，这次老师为你向全班同学撒个谎，就说钱是你捡到的，你交到了老师这里，老师来把钱还给同学。虽然这次老师没有把你做的坏事公布，但如果有下次，绝不饶恕!"他眼中含着泪，不住地点头。笔者及时地把这件事告诉了他的家长，并叮嘱他们回家后不要打他，而是要和他谈心，否则，会让他产生逆反心理的。第二天，他爸爸带来了钱，他还写了一份保证书。笔者相信，他以后不会做这样的事了。

作为一名人类灵魂的工程师，教师不经意的话语、眼神或动作都会对他们的心理产生影响。学生们有着强烈的自尊心，渴望得到老师的认可，希望老师给他们鼓励，而不是对他们不理不睬或是严厉斥责。学生在乎老师给予的每一个微笑和鼓励，更在乎老师给予的每一次改错的机会。宽容学生，尊重学生是教师的职责，只有这样我们的学生才能变得健康、快乐。

有人说过这样一句话："老师不经意的一句话，可能会创造一个奇迹；老师不经意的一个眼神，也许会扼杀一个人才。"老师习以为常的行为，对学生终身的发展也许会产生不可估量的影响。比如，在一次单元测试中，一个男同学得了59分。这个学生平时学习很认真，但是底子很差。这时，笔者想起了一则类似的教育故事——《利息》。受其启发，笔者灵机一动，把他叫来说：“可以给你把总分改成60分——我借给你1分。不过，你可要想好啊，这1分不能白借，要还利息的，借1还10，下次考试我要扣掉你10分，怎么样？要是觉得不划算就不要借了。”他踌躇了一下说：“我借。”结果，在下一次周考中，他得了76分，扣掉10分，得66分。通过这件事笔者感到，作为一名老师，一是要有一颗真切的爱生之心；二是要充分相信学生说话、做事的出发点都是好的；三是要善于利用契机激励学生。这个借分的学生由于获得了老师的理解和“资助”，鼓起了奋斗的信心，从考试不及格到考试得高分，实现了他自己的承诺。

曾经教过一个叫小辉的学生，他总是生活在自己的世界里，想玩就玩，想说就说。上课的时候，不认真听讲，课后他会做很多令你头疼的事情。孩子的家长很配合，总是在笔者“告状”了以后，很不好意思地说：“老师，对不起，给您添麻烦了！以后，遇到这样的事情，你就狠狠地教训他！我们不会怪老师的。”由于家长的原因，笔者耐心地对待他犯的错误，后来就渐渐失去了耐心，言语也渐渐“刻薄”起来。这个学生越来越不听话，时常在上课时，借口说上厕所，实际是出去玩。当笔者不知道该拿他怎么办的时候，突然想起曾读到的一个故事。故事说古代有位禅师，一天晚上看见墙角边有一张椅子，知道是有小和尚违反寺规去溜达了，老禅师也不声张，走到墙边，移开椅子，就地而蹲。不多久，果然有一个小和尚翻墙，黑暗中踩到老禅师的脊背跳进院子。当他发现踩的不是椅子而是自己的师傅时，惊慌失措。但师傅并没有责备他，而是关心地说：“夜深天凉，快去穿一件衣服。”这个故事告诉我们，老师对学生是宽容的，只要老师愿意对学生付出爱心，那么学生终究会感受到老师的爱。我们时常无法克制自己的言行，无法很好地完成自己的任务，不一定有辉煌的未来，可是谁又能说一个平凡的人就低人一等呢？故事中的老和尚就清楚地知道，宽容是一种无声教育。作为一名教师，更应该拥有老和尚这种对待徒弟的宽容与关爱之心。

此后，笔者和他好好地谈了一次，告诉他："老师希望每天都能发现你的一个优点。让老师每天都表扬你一次，好吗？"他郑重地点了点头。尽管这个学生和其他学生相比，总是比不过，但是，他和自己比的时候却每天都是冠军。

世界上有很多东西，当你给予他人时，自己拥有的将会越来越少，唯有一样东西，你给予别人越多，自己拥有的也越多，这就是爱。爱，不是索取，不是交换，而是付出，是给予，是自我牺牲；爱，又是神圣的、伟大的。希望我们每个人都心中有爱，让我们与爱共存。

在教育教学实践的过程中，笔者不断地反思、总结，越来越深刻地认识到，教师是太阳底下最神圣的职业，教师像虔诚的教徒，在教育的殿堂上，用生命、青春、智慧燃起了爱之火。教师跳动着爱，传递着爱，诉说着爱，撒播着爱，使整个世界沐浴在这美好的情感中，最终与无限的宇宙融为一体，成为岁月抹不去的永恒。让我们把教师最圣洁的、无私的爱奉献给学生，让我们把最真诚的激情献给教育事业，让我们的学生在爱的跑道上飞奔，驶向理想的彼岸。希望每一个学生都能健康快乐地成长！

参考文献

[1] 黄旭．新时期青年学生素质教育［M］．长沙：中南大学出版社，2004.
[2] 朱光潜．文艺心理学［M］．合肥：安徽教育出版社，1996.
[3] 张志建．王国维学术思想研究［M］．北京：教育科学出版社，1992.

树立新观念，培育新人才
——教育现代化的迫切呼唤

罗银友

21世纪是知识经济的时代，实现教育现代化势在必行。创新是一个民族的灵魂，一个没有创新精神的民族将无法立足于未来世界。刚刚过去的20世纪的中国教育，面临着越来越多的探讨和质疑，有人说，中国教育是20世纪的悲哀；也有人说，教育的失败是真正意义上的国殇；还有人说，教育的落后导致民族的堕落，对教育的应付和冷淡是对人民的犯罪；更有人说，近20年最大的失误是教育问题……面对这种种质疑，作为一个工作在基础教育第一线的教师，笔者认为，落实科教兴国的战略，先要探讨什么是兴国之教。因为，不是任何教育都可以兴国的。教育可能兴国，也可能误国。为此，教育必须不断地进行改革，努力适应社会发展和人才成长的需要，才可能起到兴国的作用。深化教育改革，迫切需要的是在全社会积极地更新教育观念。

一、树立正确人才观念

不同的时代有不同的人才观。人才观制约着教育观。人们总是根据人才观来选择教育的方式方法和评价教育质量。如果固守陈旧观念，有意或无意地把乖、盲从、依赖、只会死记硬背而没有独立见解和独立工作能力当作好学生的标准，只会误人误国。在科技革命兴起、知识经济萌生的新世纪，社会最需要的是什么样的人才呢？我们的基础教育到底要培养什么样的人？什么样的人才是人才？又如何培养能迎接21世纪挑战的人才？

中国的教育值得反思的东西太多。在教育过程中是否该有一个新的界定？“世界发明大王”爱迪生是人才，当今“世界首富”比尔·盖茨是人才，我国的“童话大王”郑渊洁也是人才，可是当年他们在老师眼里怎么就不是人才呢？老师是否该把成功作为人才的起点，哪怕是一个小小的成功。谈到这里，不能不使我们想到一直以来中国的教育机制：以考分判优劣，以考绩断前程。因而有了“背多分”“黑色七月”的谑称；有了“考、考、考，老师的法宝；分、分、分，学生的命根”的戏谈；更有了“千军万马过独木桥”的残酷……这种“大一统”的传统教育模式导致教育的对象有不少成了满腹诗文的低能儿。出现了在国际奥林匹克竞赛中我国选手几乎屡屡包揽所有奖项，而近一个世纪的发明，诸如：电灯、电视、电脑等，无一出自中国人的尴尬。日本三菱集团总裁起用人才的秘诀不知能否给我们一点启示：“没有特长的平庸之辈不用；没有一点‘缺陷’的不用；大胆使用那些虽有缺点，多争议，但确有才能，敢于开拓的人。”我们不妨将基础教育要培养的人才标准确定为五个“一”人才，即一副好身板，一口标准语，一笔好字体，一个文明人，一颗求学心。其中“一颗求学心”是对学习保持着浓厚的兴趣，这是应试教育最难培养的一点。我国的教育改革是在邓小平理论的指导下进行的。邓小平的人才观至少有两个要点：一是培养有理想、有道德、有文化、有纪律的“四有”新人；二是鼓励人做“勇于思考、勇于探索、勇于创新的闯将”。这两者是统一的。如果说“四有”是全国人民的基本素质要求，那么“三勇”则可视为优秀人才、创新型人才的品格特征。江泽民同志也一再指出，创新是民族进步的灵魂；教育是培养创新精神和创新人才的重要摇篮。作为教育工作者的我们要解放思想，更新观念，确立适合社会主义现代化事业需要的人才观。社会需要的人才是多方面的。俗话说得好，“三百六十行，行行出状元”。关键是要从孩子的实际情况出发，根据孩子的兴趣、爱好、特点、专长，确定他们的学习和奋斗目标。只有树立了正确的人才观，我们才能轻装上阵，才能培养出时代需要的真正的人才。

二、树立全面发展观念

培养创新人才的核心是全面素质的培养和健全人格的塑造。造就德智体美全面发展的高素质人才，要树立全面发展观念。马克思关于人的全面发展学说为我们树立全面发展观念提供了理论基础。马克思从价值的角度强调人应当获得全面发展，即个人的能力应该得到多方面发展。他认为，“任何人的职责、使命和任务就是全面地发展自己的一切能力”，“每一个人都无可争辩地有权全面发展自己的才能”。主体性是凭借自己的综合素质与实践活动而处于支配地位，成为主人的人所具有的特殊属性。人的主体性是人在创造自己历史的活动中所表现出来的能动性、创造性和自主性。人性的全面发展不但是其特殊性的充分发挥，使人成为自然界的主体、社会的主体、自我发展的主体，也是教育使人全面发展理论的重要内容，是教育实现人全面发展的重要条件。

实现人的全面发展，就是要培养“德智体美”全面发展的人才。目前，我国教育中德智体美诸方面发展不平衡的现象依然严重，美国在这方面的做法值得我们学习和借鉴。跟钱伟长、谈家桢、郭永怀等一样，钱学森也是从名校走出来的著名科学家。钱学森读书时，学校鼓励学生提高艺术素养，在艺术上的修养不仅加深了钱学森对艺术作品诗情画意和人生哲理的深刻理解，也使他学会了艺术上大跨度的宏观形象思维。经验表明，创新人才培养要坚持全面发展观念，教育要使学生做到身与心、个人发展与他人发展、个人发展与社会发展、人与自然的和谐统一。一个人的身与心密切相关，身是心的基础，心是身的导向。身是人的自然素质，治身就是要保持好人的身体；心是人的精神素质，治心是要保持人的心理健康。教育使人的身心健康、和谐统一，是人全面发展的基础。社会关系实际上决定着一个人能够发展到什么程度，一个人发展的程度直接取决于与他交往的他人发展的程度，教育要使人做到个人发展与他人发展和谐统一。人的生存和发展离不开社会，人与社会的密切关系决定了个人发展与社会发展互为前提、互为手段。社会发展要把作为主体的人的发展的程度作为衡量社会发展的重要标准，教育则要使人真正达到和实现社会发展与人的发展和谐统一。人与自然是一种对象性关系，人类是主客体关系中永恒的唯一主体，实施自然的可持续发展战略本质上是为了人的可持续发展，教育使人和自然的和谐统一是保证人的全面发展的前提。

三、树立创新教学观念

教育观念的代谢和更新，是人类对教育规律认识深化的结果。伴随着教育观念的更新，则是教育改革的深化，教育工作的大发展。因此，观念的力量对教育发展所产生的影响，就越来越受到人们的重视。学校贯彻科学发展观，最重要的是要解决“培养什么人，怎样培养人”的问题。培养创新人才，要有先进的观念作指导，教育观念的先进与否很大程度上决定了创新人才培养是否成功。什么是教学？有人回答说教学就是教书，有人回答说教学就是讲授一门学问。这些说法都未必正确。确切地说，教学应是教学生学会学习，树立以学生为主体的教学观念。

科技革命的兴起，使知识增长与更新的节奏加快，世界的知识总量大约每 5 年翻一番。知识是无限的，而教学时间是有限的。于是无限与有限的矛盾日益突出，成为教育面临的一大难题。早年的教育改革常常是使用加法——加班加点加教参，但结果并不理想。因为这并不可能把浩如烟海的、日新月异的知识讲完全。于是，有识之士提出要改变思路，教育要从传授知识转向引导学生学会学习，提高学习能力，为终身学习奠定基础。学者还曾强调指出，未来的文盲将不再是不识字的人，而是没有学会学习的人。学会学习是学会生存的必由之路。我国古代也曾有一个生动的说法，即“授人以鱼不如授人以渔”。学会学习不只是要探索掌握学习方法，还包括培养学生良好的学习态度、正确的学习动机、科学的学习策略等。学会学习需要师生的共同努力，努力变被动学习为主动学习，把接受性学习同研究性学习结合起来。当然，教师的主导作用是无可替代的。教师要正确地发挥主导作用，就要转换社会角色，由“演员”转变为“导演”，做学生成长的导师。学生习惯在学校和教师的安排下被动地接受知识，死记硬背一些书上的东西，长期下来，抑制了青年人的兴趣、好奇心和想象力，形成一种思维定式，缺乏探究知识的主动性和创造性。这是我国教育存在的一个顽症。英国教育家怀特海于1919年说过：“归根到底，作为学生，你们必须把学习当作一种享受、一种乐趣，你们不是一块块任由教师捏成文化人的胶泥。”美国教育家杜威指出：“教育不是一种‘告诉’和‘被告诉’的事情，而是一个主动和建设性的过程。这个原理几乎在理论上无人不承认，而在实践中又无人不违反。”

以学生为主体，首先要改变自上而下“填鸭式”的教学模式。它把学生看成被灌输的对象，从而使教学远离人的本源，变为程序化、机械化的生产劳动。教育具有人本价值，应着眼于人的全面发展，开启学生心智，激发学生潜能。温总理曾经做过精辟的论述：“人的理想和思维不可能靠教师手把手教，老师给的是启蒙教育，要靠学生自己学与思结合、知与行结合。”以学生为主体，就是要重视每个学生的个体。首先要承认个性。由于遗传基因不同，天赋有别，加上后天环境不同，个性差异是客观存在的。教育的本质在于使人的个性得到充分的发挥，而不是用同一教育模式、教育框架来“约束”每个学生。大凡拔尖人才都有鲜明的个性，这种个性异乎常人，往往表现出对一些不合常理的事物的理解和接受，恰恰就因为这点，使他们极具想象力和创造力。但这种独特的个性，容易被人不理解，甚至得不到尊重。我们应遵循“不拘一格降人才”和“因材施教”的原则，对其因势利导，发展个性，使其充分发挥优势。以学生为主体，丝毫没有降低教师的指导作用，反而会对其提出更高的要求。它要求教师更深入地掌握本学科的知识内容，了解学科前沿动态，以便启发和回答学生的提问和质疑；要给学生营造宽松的环境，让学生自由发表意见，提出问题，充分讨论，才能产生创新灵感。创新思维的共同特点是在“标准”之外另辟蹊径，敢于想别人所未想，走别人所未走过的路，不唯上，不唯书，只唯实。一个好的教师不应只是系统知识的传授者，而应是在和学生平等讨论中新视角的提出者，新问题的发现者和新思维的倡导者。

叶圣陶说，“教师当然须教，而尤宜致力于‘导’。导者，多方设法，使学生能逐渐自求得之，卒底于不待教师教授之谓也”，“导是更高级的教”。能够“自求得之”，就是具备了乐学会学的优秀品质，具备了终身学习、可持续发展的良好基础，而这正是学校育人所追求的理想结果。学生也应相应地转变学习观念，努力增强学习积极性，锻炼提高学习能力，养成良好的学习习惯。当然，人的成长成才需要有好的条件，但是再好的条件也只是提供成才的可能性，能否把可能性变为现实性取决于人的主观努力。

哲学上说，事物发展的根本动力是内因，外因通过内因而起作用。事实证明，人们生活在同样条件下，成长进步的状况也是有明显差异的。人之成才是主客观因素相互作用的结果，但关键是人自己的努力。许多大思想家、大科学家都是生于患难，在逆境中奋斗成功的。惰性、依赖性是成长中的最大障碍。唯有在学习中养成勇于思考、勇于探索、勇于创新的品格，将来才可能成长为创新型人才，成长为实现社会主义现代化的闯将。

参考文献

[1] 中共中央马克思恩格斯列宁斯大林著作编译局：第三十四卷．马克思恩格斯全集[M]．北京：人民出版社，2008.

[2] 曹小先，郭传杰，江崇廓，等. 培养创新人才的关键是更新教育观念[J]．中国高等教育，2009（21）.

如何创建和谐的班集体

钟新群

和谐的音乐令人感到妙不可言，优美的风景令人心旷神怡。和谐在班集体建设中意味着关注学生的精神世界、符合学生的年龄特点、尊重学生的个性。和谐的班级是一种理想的班级。形成良好的班级文化，无论是学生的精神文化，还是班级的物质文化，都呼唤着一种和谐，呼唤着人与人的和谐，人与环境的和谐。和谐的班级氛围自然会带来良好的班级文化。如何让班集体和谐发展，形成良好的班级文化？笔者在班主任工作中总结出以下几点：

一、要制定明确的奋斗目标和管理制度

目标的建立是班级建设的第一要素，对形成班级凝聚力，激发学习和管理的热情具有举足轻重的作用。为了实现班级建设目标，调动全班同学的积极性，发挥他们的主体作用，制定奋斗目标和管理制度要符合本班的实际情况，首先就应向学生宣传目标价值。如组织哪些活动，搞何种主题的班（队）会，定何种制度，怎样搞评比，班干部如何分工，宣传板报如何配合进行等，条分缕析，交代清楚。其次，把集体目标以个人目标的形式体现出来。集体目标需要通过个体目标的实现而达成，因此，只有学生个体的成功，才会有集体的成功。班级在德、智、体、美、劳等方面的发展上，有明确的共同奋斗目标，并在集体目标指导下，制定出每个学生的个人奋斗目标，全体学生就会为了共同奋斗目标携手并肩、众志成城。在民主管理过程中，班级课内、课外活动健康有序，学生精神面貌良好，追求真知、团结向上的良好班风也会日益巩固并不断优化。

笔者利用周会和学生一起，共同讨论班级情况，制定切实可行的班级奋斗目标和管理制度，然后和学生一起努力实现目标。这样能起到催人奋进、团结进取的效果，使集体更有凝聚力，使班级更积极向上。

二、创建文化氛围，营造和谐环境

班级精神文化是班级文化的灵魂，班级环境的布置是班级文化建设最基本的内容，它不仅体现了班级的精神面貌，而且直接影响学生的心理健康。因此，我们应该创设良好的班级环境。

首先，要精心布置教室，使之焕发出生命的活力。开学时教室的布置应该整洁美观、富有童真童趣，让学生尽快喜欢上这个班级。如：笔者在教室书橱架上摆放几盆花草，显得富有生机，在左右两面墙壁上挂上爱迪生、赖宁等科学家、英雄人物的肖像，把学生的思想教育寓于感知的情景中，营造一种“润物细无声”的意境。让学生踏入教室的第一天就能产生一种愉悦感，成为他们顽强拼搏、健康成长的一种强大的精神动力。

其次，在班级中增设展示栏。这是反映学生生活和特长的园地。如“书画作品展”“优秀作业栏”“今天我最棒”等栏目，能够让学生在展示中张扬个性，表现自我。学习园地是班级文化的重要阵地之一，是“班级王国”中的“活报刊”。它可以丰富学生的知识，扩大学生的视野，增强学生的学习兴趣，有利于创建和谐的班集体。

再次，实行自我管理。为了使更多的学生有当班干部的机会，让每一个学生都相信“我能行”，同时也能时时督促班干部把事情做好，笔者采取了班干部定期轮换的方法。班干部从同学中间选举产生，这样既可以给更多的学生提供锻炼的机会，又有利于学生干部摆正个人在集体中的位置，正确处理个人与集体的关系。然后按学号轮流来当值日班长，班中的事由值日班长全权负责，常务班长协助其工作。值日班长负责检查当天的卫生、纪律情况，督促每一位同学做好自己的分内事，记载班务杂志，检查班干部的工作情况。

这样极大地激发了学生的主动性，培养了他们的才能，班组的自我管理能力得到了加强，班集体内部也日趋团结。

最后，建立竞争机制。每个学生自找一名水平相当的对手。让每个学生在自己的铅笔盒上贴上竞争对手的名字，与竞争对手比学习、比思想、比体育。每次考试、比赛之后，谁输了就把个人竞赛中的“万里马”送给对方，以便时时激励双方。有一次，数学单元测验完之后，班上彬彬同学迫不及待地来问我分数，当他知道他考了75分，而他的对手乐乐考了71分，比他低4分。他一蹦三尺高，冲出办公室，边跑边喊：“乐乐，你得送我一匹马……”没过几天，他又来找我，告诉我他要换竞争对手了，因为他超过了乐乐。通过这样的竞争，优等生更优，基础薄弱的学生也不甘落后，奋起直追，进步也较快。除了个人竞赛，笔者在班上还实行“最佳表现小组”“富有挑战小组”“最佳合作小组”等活动，分别对得分最高的、竞争最激烈的、成员最团结的三个小组进行奖励，鼓励其他小组都朝这个方向发展，并帮助尚需努力的小组想出响应方案。通过竞争，班级中形成了一种互相监督、互相帮助、你追我赶的氛围，充分发挥了学生的主体作用，促进学生健康快乐地发展。

三、注重情感交流，建立和谐关系

苏霍姆林斯基说过：“没有人的情感，就从来没有也不可能有真正的人的教育。”人与人之间最重要的是情感交流，教师与学生的情感沟通是做好班级一切工作的基础。爱是教育的灵魂，“教育不能没有爱，没有爱就没有教育”。要像爱自己的孩子那样去热爱学生，才能够宽容学生所犯的错误。因此，在班级中要关注三种学生：第一种学生是后进生。在班集体中，笔者总是精心营造一种平等、和谐、友爱的氛围，让学生体验集体的温暖和同学之间的友谊，让他们感受到自己在班上有一席之地。大胆吸收这些后进生参与班级管理，让他们在管理中克服自身不良的行为习惯。就说我们班的小威吧，他反应比较慢，不喜欢学习，再加上父母外出打工，无人管教，而且又很贪玩，经常不按时完成作业，没过几天，他就会积起一大堆作业没有完成。同学们给他起了个绰号叫“懒羊羊”。对于这个“懒羊羊”，开始笔者很生气，但静下心来想想也挺同情他的。有一次笔者进教室找他要作业，听到他正大声给同学们讲笑话，大家都笑成一团。于是，笔者趁机也给他起了个绰号“喜羊羊”，当着他的面对同学们说：“没想到喜羊羊这么会讲笑话，这么爱笑，如果我们大家多去督促他，指导他完成作业，相信他完成作业后会更喜气洋洋，大家能听到更多的笑话。”这令他感到很意外，马上坐下飞快地做作业。这以后，大家都热情地帮助他，笔者也时时提醒他，他的情况也有所好转了。这学期，笔者把“黑板清洁员”的任务交给了他，更是让他喜气洋洋，信心百倍。笔者认为，这种委以任务的方法也不失为转化后进生的一种行之有效的方法。

第二种学生是尖子生。他们或者聪明、能干，学习优秀，成绩出色，或者有这样那样的特长，能为班级争光，这样的学生老师都是偏爱的，总是欣赏他们的优点，即使他们犯了错误，也是大事化小，小事化了。殊不知这样的偏爱不是关爱，而是纵容。这样会让他们变得骄傲自大，目空一切。记得在 2009 学年班上来了一个学生叫小羽，他反应敏捷，学习认真，发言积极，做事情很主动，于是我在班会和晨会上表扬了他，大概受了笔者的影响，在选举班队干部时，果然有很多学生推荐他为副班长，负责班级和包干区的卫生检查及放学后的门窗关锁等工作。2010 年 5 月，他参加了镇里举行的数学奥林匹克竞赛，获得了四年级组第一名的好成绩。之后他又参加了区和省的复赛，获得了广东省四年级组的二等奖，名列第四名，为镇和学校增添了不少光彩。校长为此在校会上公开表扬了他。这下他更神气了，他开始“皮”起来了，不光上课不如以前认真，作业也老出错，任课老师也多次反映，说他退步了。他负责的门窗关锁工作也经常遗漏，提醒了他好几次，但依然如此。笔者开始反思自己的做法：问题出在笔者身上，是笔者一味地表扬，让他觉得自己很了不起，产生了骄傲的情绪。于是，趁他在一次作业中存在很多失误的机会，笔者跟他好好谈了一次，严肃地指出了他的缺点，让他明白“天外有天，人外有人”的道理。他是个聪明的孩子，从那以后，他收敛了许多，又恢复了他刚来时的那种状态。

第三种学生是中等生。中等生往往是一个班中最容易被忽略的群体。他们有比较稳定的心理状态，既不像优等生那样容易产生优越感，也不像后进生那样容易自暴自弃。他们是班集体的一面镜子，希望老师能够重视他们，但又害怕抛头露面。针对这类学生，根据他们的心理特点，积极调动利于他们学习的积极因素。

四、开展丰富活动，提升和谐精神

人是要有精神的，班级也一样，如果一个班级有了一种精神，那么整个班级会凝聚成一股绳，呈现一种积极向上的状态。班级精神是班级大多数成员的思想认识、情感意志和精神状态的综合反映。和谐向上的班级精神对全班学生起着熏陶、感染的作用，是一种巨大的、隐性的教育力量。班级精神的形成，不是一朝一夕的事情，需要一个漫长的培养过程。一方面要持之以恒，一方面要利用丰富多彩的活动因势利导。没有活动便没有集体，更不可能产生集体精神。

开展各项丰富多彩的活动可以在活动中和谐地为学生进行全方位教育。每当学校组织各种重大活动时，像运动会和元旦文艺大比拼，我们都精心准备，积极参与。此时，集体里每个成员的全情投入都是一种体验，比赛的过程就是一个很好的凝聚班魂的过程。大家为了一个共同的目标，齐心协力，奋力拼搏，充分展示了班级积极向上的精神风貌。我们班在学校组织的历次比赛均取得较好成绩，这“过人之处”就是和谐的班级精神在起作用。我们还结合重大节日定期召开主题班队会、演讲会、故事会，培养学生自信感、自豪感、自我认识能力。通过组织体育活动、兴趣小组活动、春游等活动锻炼学生的意志，培养良好品质，陶冶情操，增长知识。另外，我们还经常组织读书汇报会、精彩日记、手抄报评比等活动，这些极大地丰富了学生的情感，开阔了眼界，磨炼了学生的意志品质，培养了学生的能力和积极的自我情绪体验。

“心互通、齐进步”，通过丰富多彩的活动，不仅让学生在活动中实现再认识、再调整，学会应对生活中的各种冲突与压力，唤起内在发展的需要，充分发挥“助人自助”的作用，令缺乏自信的获得信心，令封闭的心灵开放自己，令懦弱的变得勇敢，令孤傲的爱上沟通合作，同时也使班级更具稳定性、积极性、规范性。

在和谐的教育氛围中，学生“自由地呼吸”；在和谐的师生关系中，学生愉快地学习；在和谐的班级精神感召下，学生勇于发现自我，表现自我，使精神品质得以提升，使创造潜能得以释放，从而最终达到集体成员共同进步，共同成长，齐步走进健康快乐的人生之路。因此，班主任就得做个有心人，把班级工作管理好，让每一个学生在班级中都能感受到师生和谐、生生和谐、处处和谐。

参考文献

[1] 汪中求．细节决定成败［M］．北京：新华出版社，2004.

[2] 赵国忠．中国著名教师的课堂细节［M］．南京：江苏人民出版社，2007.

[3] 郑杰．给教师的一百条新建议［M］．上海：华东师范大学出版社，2004.

教学探究

小学三年级英语课外作业模式的探讨与运用

苏华丽

课堂是英语教学的主阵地，课外作业则是课堂教学的延伸和补充，对巩固课堂教学、检验学习效果起着极其重要的作用。然而，目前小学三年级英语课外作业的布置简单枯燥，达不到预期的学习效果，问题主要表现为以下几个方面：

第一，作业形式单一。三年级英语课外作业一般是让学生抄写单词、背诵课文、完成练习册中的练习。这样的作业，缺乏新颖多变的形式、生动有趣的训练，从而使部分学生产生了怕学、厌学的心理。但教师还是通过要求学生反复抄写这些单词、词组和句子，让学生掌握他们的书写形式，在听写、测验时能运用即可。久而久之，学生开始厌倦这种作业模式，并且学生的书写能力也不见得有所提高，这个问题归根到底是教师为了完成常规的教学任务所导致的。

第二，作业内容单一。三年级英语课外作业的布置未能考虑学生之间的个体差异，统一的作业内容，统一的学习目标，让整体差异分化更大。有的作业难度较大，如要学生整合学过的内容写一篇自我介绍，对于三年级学困生来说，正确表达一个句子都比较困难，以致他们一筹莫展；有的作业过于简单，每天重复默写，对基础好的学生又完全没有挑战性。

第三，教师评价课外作业的手段单一。教师在批改课外作业时一般都是打个钩，写个“check”，只重视学生有没有做，不重视质量。学生没有得到及时的反馈和鼓励，这也导致学生的态度越来越不认真。

在教学中进行实践，从学生主体出发，根据三年级学生的认知规律和学习兴趣，笔者在教学中进行了以下几个方面的尝试：

一、设计听说、读写作业

（一）听说作业

《义务教育英语课程标准（2011 版）》明确提出，听、说、读、写训练是小学阶段英语教学的重点。听说练习是读写的基础，听懂会说也是学习英语的最终目标，所以要坚持听说领先，要加大听说的训练量。三年级第一学期学习字母，书写的要求不多，所以对听说的要求尤为重要。首先，培养学生听录音的习惯，可多让学生多听 song，chant，rhyme，story 等学生喜欢的部分，把它们融入小学英语教学中，创设轻松的课外听音作业。其次，可以布置表演朗读作业，提高学生朗读的兴趣，这是孩子们喜欢做的事情，他们乐意去做，结果也让人眼前一亮。平时教学，我们都会注重每个 Module 的 Let's talk 部分，但是新版广州市三年级英语也在每个 Module 提供了 song，rhyme time，story time 这些丰富的教学资源，它们不仅能巩固 Let's talk 部分的教学，更是 Let's talk 部分的发展延伸。我们可以充分利用这些资源进行课外表演作业的布置，要求学生发挥自主性、创造性，自己构思、编排、创造，并充分运用非语言手段，如教材中很多的地方都出现了调皮、滑稽、可爱的场面，教师充分利用这些内容，布置表演作业，让同学们自由结组，课下准备，利用口语实践课的时间开展小剧作比赛，并评选最佳表演奖、最佳创意奖等。这样，既给学生提供了生动活泼的语言环境，又可发展他们的语言运用能力。

（二）书面作业

三年级开始阶段，学生要通过抄写的形式来端正书写的习惯，特别是单词和句子的书写规则，如句子开头要大写、单词之间有距离，标点符号不能少。三年级书写的作业在培养学生的语感也起到很大的作用，广州市小学英语三年级 Fun with language 部分的教学内容就可以提供丰富的图片资源，带有例子，可让学生进行仿写；有的是有趣的图片，可布置学生看图写简单的短语。在实践中笔者经常变换书面作业的形式，可将单词拼写、翻译、填空、看图写话、改错、连线等形式，交替让学生进行练习，避免学生产生疲惫心理。另外，课外书写作业本的评价手段也要多样，多从正面鼓励学生。

二、从学生兴趣出发，设计实践型作业

（一）布置绘画作业

单词抄写是教师帮助学生记忆单词的一种常见形式，机械地重复会使学生感到枯燥、厌烦，也不利于培养学生的学习兴趣。把单词抄写作业布置成绘画形式，可以使学生在绘画过程中理解词语意义，又能帮助学生在两者之间自然建立某种联系，使单词的记忆、理解变得有趣，发展学生的形象记忆能力，同时促进学生学习策略的形成。如在学习 Module 2 Positions 表示位置关系的介词后，让学生绘制自己的房间，把房间物品画出来，练习方位词，复习 bed，desk，picture 等单词。通过展示成果，学生用所学句型来描述自己的创作成果，体验成功，

另外可以布置贴标签的作业，如学习完三年级上册 Module 5 Toys 这一单元后，可教学生制作标签卡，如：ship，plane，car，bus，bike，boat 等，并把这些标签贴在自己的玩具上，并教会父母如何读这些单词，学生急于向父母表现，完成作业的积极性很高。另外，可以制作单词卡，在学习三年级下册 Module 4 Fruits 后，可让学生制作水果单词卡片，这些图画交上来以后还可以作为课堂学习的素材，如可以在黑板上画个冰箱，把学生的单词卡片贴在冰箱里，创设一个在家招呼朋友的情景，引导学生学习句型，如："May I have some oranges? Yes/No..."此类作业更具趣味性，能够使学生在完成作业时注意力高度集中，因此可更好地帮助学生牢记单词，同时也能提高他们的英语书写水平及审美能力。

（二）布置采访作业

广州市小学三年级英语教材中，可设计成进行“采访”的课外作业很多，如在学习三年级有关水果的单词和句型“What fruit do you like? I like...”课后，可设计这么一份作业：班级要组织一次春游活动，想要了解一下学生喜爱的水果，以便班级统一购买。可设计一份采访记录表，要求学生用英语记录被采访对象的姓名及水果的名称。要求每人至少采访4位同学，并在小组交流，最后统计出结果在班级进行汇报。由于老师设计的这类访问作业，来源于生活，又用之于生活，学生能用课堂知识进行课外真实交际，不仅调动了学习英语的积极性，同时也学会了人际交往，还学会了与同学之间的相互沟通。

三、关注学生差异，设计分层次作业

学生之间存在着个体差异，因此我们要因材施教，教师在设计英语课外作业时要从学生的实际情况出发，分层次来设计，考虑个别差异。这样设计练习能使每个学生通过不同层次的练习在原有的基础上各有收获，享受到成功的喜悦。比如，学了三年级下册 Module 4 Relatives Unit 9 Who is this cute baby? 中的 Let's talk 后，可以给学生设计以下三类作业，让学生自选一题。A类作业：学生可以自由想象设计 a family picture，然后描述 picture；B类作业：由两个同学自由组合表演文中的 dialogue；C类作业：能看着课本听懂录音，选择部分片段进行表演。这样的作业设计能使不同层次、不同水平的学生都可以对该课所学的内容进行巩固，也能从中体会到学习和成功的乐趣。

总之，英语课外作业的设计既要和课文内容相联系，也要从学生自身的学习兴趣、学习特点出发，设计一份适合学生的作业，为提高教学效果而努力。

参考文献

[1] 吕青. 开放式小学英语作业模式初探 [J]. 江苏教育，2003 (12B).

[2] 黄宛辉. “任务型教学途径”下的英语作业设计 [J]. 小学教学研究，2005 (2).

浅谈小学语文教师角色的重新定位

汤少贞

角色，原本是指戏剧或电影、电视中演员扮演的剧中人物，也用来比喻生活中某种类型的人物。社会角色是由一定的社会地位所决定的、符合一定的社会期望的行为模式。而教师的社会活动主要是在学校中进行的，所以这里论及的就只是教师在教育及教学活动中扮演的角色。教师在教育中扮演着不可替代的角色，因为教师的职业特点，教师是由多种社会角色构成的。在当前基础教育课程改革的大背景下，教师的传统地位不可避免地会受到冲击，教师应不断地进行角色变换、角色适应、角色调整等，从而更好地完成教书育人的工作。

一、对传统小学语文教师角色的反思

中国的语文教育有几千年的历史，积累了许多宝贵经验，其中很多经验对现代教育还有指导作用，应当加以继承和借鉴。刘国正与陈金明先生在《在继承的基础上发展、创新》一文中说："本国优秀的教育理论和经验，融会了传统教育的精华。无论是叶圣陶还是吕叔湘、张志公，三位语文教育大家，对传统教育都是采取科学分析的态度，不搞虚无主义。比如，他们批判旧式学塾那种逐字逐句的教学方法，却十分强调通过反复诵读来体会范文的意味、情趣和文气；他们反对旧式文人热衷于代圣人立言的八股滥调，却十分讲究文章的谋篇布局，要求写文章做到自然圆和、严谨得体；他们鄙弃旧式教育把语文表现力说得玄妙神秘，不可捉摸。这种对传统教育既有批判又有继承的精神，堪为教育研究的可贵品格。"中国的传统教育，有着鲜明的民族特点，积累了许多宝贵的经验，是我们灿烂的中华传统文化的一个组成部分。这些东西并没有因为时代的变迁而失去光泽，恰恰是我们应当加以弘扬和发展的。

我国传统的语文教学也存在许多不足之处，其中包括语文教师受一些陈腐的教育思想的影响，对自身角色定位的错误。这主要体现在：

第一，语文教师是“知识占有者和贩子”。

在教学过程中，学生听到的只是教师的一家之言。教师只满足于将知识“填”给学生，照搬教材，教材怎么说就怎么做。教师的任务就是灌输这些内容，学生不能稍加发挥，不能问个为什么，更不能怀疑，考试按固定的内容和格式照答就行，把学生引导到追求高分数上去。教师用这种教学思想和教学方法培养出来的人才，只能是“唯书”“唯上”，缺乏创造性和进取精神。

第二，教师是“课堂的霸主”，是课程管理者。

在教学方法上实行老师讲，学生听；老师写，学生抄；老师问，学生答；老师启发，学生思考；老师命题，学生作题。这些做法，显然是老师主宰一切，包揽一切，学生完全处于被动的地位，失去了学习的主动权。在教学要求上，老师讲课只许学生相信，不许学生怀疑；只许学生接受，不许学生提出异议。

以上两个方面，是传统的语文教师角色偏移的突出表现，而在今天，这种与社会主义现代化建设新时代极不相符的陈腐观念，还在有形无形地影响着语文教学。教师在教学过程中所扮演的角色是知识占有者、传授者，是“课堂的霸主”，是“知识贩子”，是课程的执行者、管理者，是教书匠、知识固守者。传统的语文教师角色的定位已经严重阻碍了学生的创新能力。教师应当是学生的引导者，教师的一言一行、一举一动都可能对学生产生很大的影响。教师的角色特征与学生个人的发展休戚相关。

二、思考课堂教学改革下小学语文教师角色的重新定位

课堂教学改革下，语文教师应当由“知识占有者”转变为“学习活动组织者”；由知识的“传授者”转变为学习的“引导者”；由课堂的“霸主”转变为平等对话的“首席”；由知识的“贩子”转变为知识的“创造者”；由课程的“执行者”转变为课程的“开发者”；由课程“管理者”转变为学生学习的“伙伴”；由“教教材”转变为“用教材教”；由“教书匠”转变为“教育研究者”；由“知识固守者”转变为“终身学习者”。

具体来讲，语文教师应当从观念、知识、能力、人际关系等方面入手来重新定位自身的角色：

首先，在观念方面，语文教师应当注重学生的“学”；注重提高学生的“语文素养”；注重每一个学生的发展，由“知识占有者”转变为“学习活动组织者”。

传统的以教为主的风气导致师生关系错位，表面上学生学习热情高涨，上课气氛热烈，但是这些都是围绕着老师的教，而学生真正学到的东西很少。新课改下，语文教师应当以学生为主角，自己为配角，注重学生在课堂上的学，包括学生在课堂师生互动、自主学习、同伴合作中的行为表现、参与热情、情感体验和探究、思考的过程等。比如，在评讲作文时，教师可以挑选有代表性的几篇作文，在不告诉学生作文好差的情况下，让学生来讨论，参与评点。这可以很好地激发学生的学习热情，让学生乐于思考，敢于思考。

其次，在知识方面，教师需要具备丰富的知识，包括学科知识（通识知识、专门知识）与跨学科知识、课程开发知识、教育学知识（教育学、心理学、学科教学论、学科课程论），从而由知识的“贩子”转变为“创造者”。

传统的语文教师的知识结构是单线型结构，而非多向型结构，知识结构单一。在课堂上，教师只能局限在语文圈子里，不能扩展，更不能借鉴其他学科的知识了。学生只能接收到语文单方面的知识，

拓展知识面根本无从说起。正是这种一维的知识结构，让传统教师疏于变通，教法单一，整天是用一种套路教课，眼光狭窄。而现在的小学语文学科已不再是从前的语文，它已经演变为多方向、立体的结构，它是整个小学学科体系中的重要一部分，并且与其他学科有着千丝万缕的联系。整个知识体系是一个相互交叉的结构，是一个有机的整体。因此，作为一名现代教师，首先必须要精通学科知识，并且要不断地更新；同时教师不能光满足于会教，还要教好，也就是要具备相当的课程开发知识，这是教师实现创新的保证；当然，知识不光要精，还要博；另外，教育学知识也是成为一名合格教师的基本保证。

再次，在能力方面，语文教师需要具备多项综合能力，从“教书匠”转变成“教育研究者”。

教师需要具备的能力包括听、说、读、写等语文教学基本能力；同时还要具备语文课程资源开发能力、语文课程设计能力、信息技术与语文教学整合能力、科学研究能力和终身学习能力。

听、说、读、写等能力是每一位教师都必须具备的基本能力，成为一名合格的教师必须具备这些基本教学能力。语文教学能力就是教师向学生传授语文知识，培养教师语文教学的能力。

最后，在人际关系方面，对教师的要求是：教师与教师、校长、专家是合作的伙伴。

现代社会是个充满竞争的社会。当前，我们正努力创建和谐社会。和谐社会的核心是人的和谐。人的和谐又可分为人与人、人与自然、人与社会的和谐。教师与教师、校长、专家之间应当是一种和谐、合作伙伴关系。社会的发展，人类的进步，语文教学的创新，需要大家共同去努力，互相协作。一方面，教师是与学生接触最多、最亲密的人，可以很好地了解学生的心理状况和班级基本情况。这样，教师可以与教师交流自己的经验心得，又可以向校长提出良好的意见、建议，另外，还可以向专家提供一些基本情况，供专家研究参考。另一方面，与同事的交流可以让自己很好地吸收借鉴别人的教学经验，弥补自身的不足，与校长交流有利于学校更好地改进教学整体安排，更好地为学生服务，与专家交流则有利于借鉴专家的良策，促进自己的创新，实现教学上的飞跃。

语文教学是一台戏，教师只有演好自己的角色，才能提高这台戏的质量。课堂教学改革以其鲜明的教育理想和浓郁的时代创新气息，呼唤着语文教师的角色转变，摒弃传统的不科学的角色定位，以学生为主体，促进学生知识与能力的全面发展，培养学生的情感态度与价值观，准确实现自身角色的重新定位，以多重角色的新形象投入新一轮的课程改革，争取成为一名优秀的语文教师。

浅谈小学数学教学目标定位

曾丽梅

小学数学教学目标对教学活动具有导向、指引、调控与测量等功能。花都区开展了“科学课堂”系列学习活动，其中关于“教学目标定位”和“教学目标陈述”是这次科学课堂学习的一个比较容易理解的一个知识板块。准确、清晰、可操作性的教学目标是一节好课的指南针。如何制定符合课程标准的教学目标，并根据教学目标设计出精彩的活动来促成目标的高效实现，是笔者一直在思考的问题。

区教研会议曾提出：教学目标确定要“上、下看”，所谓“上看”，即要善于从钻研课程标准的基本要求和钻研教材入手，把握教学目标要求；所谓“下看”，即要善于结合所教学生的实际水平进一步把握教学目标的要求，最终形成用学科性行为动词来描述的教学目标，其格式为“行为动词+名词（+检测方法）”。在花都区科学课堂的系列讲座中，张春莉教授也指出：教学目标的陈述应该以学生的学习结果（包括言语信息、智慧技能、认知策略、动作技能和情感态度）为中心，而不应该陈述教师做什么，应该陈述通过教学后，学生会做什么或会说什么。目标的陈述要力求明确具体，可以观察和测量，尽量避免用含糊和不切实际的言语陈述。基于以上的思想指引，并结合笔者在一线教学中的一些体会，通过以下的一些方面可以让数学教学目标定位更加准确，也将更能促成课堂效果的有效生成。

一、深入研读教材教参，重视教学目标的制定

《义务教育数学课程标准（2011版）》指出：数学教材为学生的

数学学习活动提供了学习主题、基本线索和认知结构，是实现数学课程目标、实施数学教学的重要资源。因此，小学数学教学目标要立足教材，充分开发并创造性地使用教材。

实践证明，一节课无论形式有多少，课件多好，如果目标没有定好的话，那就不是一节好课。小学数学教材内容编排上有很强的层次感和密切联系性。2014 年教材改革后，有的教师对于新教材的教学内容编排不是很熟悉，迫切地需要研读教材，更新自己对原有数学知识框架的认识。备课时先熟悉教材，尤其是了解学生已学的数学知识，知道新旧知识间的联系和区别，能从整体把握，抓准单元目标，合理分解课时目标，最终实现一个整体的教学目标。做好每一课时的目标定位是一节好课的开端。确定教学目标时，切忌把教学目标定得过大、过空、模糊。下面我们从一年级《找规律》的案例来分析目标定位。

案例 1 的教学目标：

（1）通过观察、实验、猜测、推理等活动发现事物中简单的排列规律；会用一句话概括规律：以 × × × 为一组依次不断重复；

（2）培养初步的观察能力、分析能力和推理能力。

案例 2 的教学目标：

（1）通过物品的有序排列和观察操作等活动，能找出简单的排列规律，会根据规律指出下一个物体；

（2）通过涂色、学具、列举实例的活动，培养动手能力、观察、推理能力，提高合作交流和创新意识；

（3）培养学生发现和欣赏数学美的意识。

从一年级学生的角度出发，案例 1 的目标设定是比较具体有效的，对于一年级学生来说，具体说出规律的含义是很难的，只要求学生知道是“以 × × × 为一组依次不断重复”并能根据规律指出下一个物体就可以了。案例 2 的教学目标有点大，笔者觉得有点像是单元目标。对于解决找规律这个问题，如果把教学目标设定得更加具体细化的话会更好。例如：①通过物品或数字的有序排列，自主认识简单的排列规律，能用“以 × × × 为一组依次不断重复”来描述规律；②能根据排列规律指出下一个物品或数字；③能借助规律设计出简单有规律的图形。

对于目标的定位，不能站在教师的角度看问题，一定要站在学生的角度看问题。准确定位小学数学教学目标，也就是预设学生学习后的状态。学生的认知习惯上从整体到具体，从个别到一般。教师在确定一节课的教学目标时，要结合学生的认知规律，首先要看整个章节的目标，然后看每一个例题分配要达成的目标。也就是理解编者的编写意图，这样定下的教学目标才不会出现偏差。教学目标绝对不是割裂开来的，每学段、每册书、每单元、每课时都是密切相关的，建议大家多看看《义务教育数学课程标准（2011 版）》和《学生学业质量评价标准》，以便让自己站在更高的角度去看待教学目标。目标的定位要弄懂教材，还要结合本班学生的实际情况及教师的教学水平等因素来综合考虑比较有效；课标的目标是整体的，但每一节课的目标还要结合本班学生的实际。

二、深度解读数学课程标准和数学学业质量评价标准

数学课程目标是数学课程的第一要素，它是学生通过数学课程学习应该达到的目标，也是教师通过数学教学应该达到的目标。解读课标有助于我们了解教学总目标和学段目标，对我们的数学教学具有导向作用。《学生学业质量评价标准》可以让我们对整个义务教育阶段在某个知识领域、某个知识点在不同时期的不同要求更加明确，更清晰地看到哪些知识对学生的后续学习有哪些帮助，教学的要求应达到怎样的标准。把握评价标准，通过对目标要求中相关词的理解，能准确把握评价不同层次目标的要求，有助于教师把握教学尺度。

《义务教育数学课程标准（2011 版）》和《学生学业质量评价标准》对我们定位教学目标都有很大的作用，教师应该认真研读这两

个标准，以促进课堂目标的高效达成。研读课标和评价标准不是简单的阅读，需要不断地推敲，结合学生特点将课程标准和教材结合起来，深度解读。

三、立足学生能力起点，准确定位目标

目标定位要找准知识的迁移点，也就是新知的生长点，这是至关重要的。教学目标设定的具体性和可测性都是为了解决中下生学习困难的问题。因此，教学目标定位应该分会了、理解了、运用了等层次，要根据学生实际，不同的学生相应设置不同层次的目标。因材施教、层次教学，因为同样的知识面对不同年级目标层次就会不同，教师要知道究竟要教给学生哪个层次；还要知道哪些知识优秀生一定能掌握，有能力挑战；哪些知识学困生只要了解、熟悉就行。根据具体的教学目标，设置支架给学生来落实目标。中下生往往是因为理不清思路，知识在头脑中是一团的，支架的作用正是引导学生入脑、动手和上口。

新教材使用两年了，但有些教师对小学数学教学的认知还停留在旧教材的结构编排上，并没有很好地研读新教材，把握新教材的教学特点，在制定教学目标时很容易对学生能力起点的分析出现偏差。比如，五年级下册《分数的意义》案例中，某老师对这一课时的起点能力分析为：①已掌握平均分的概念和除法的意义；②已经掌握分数的各部分名称，会准确读写分数，把一个物体、一个计量单位平均分成若干份，这样的一份或几份，会用分数来表示。从这个老师对学生的能力起点分析看，这个老师对新教材的使用是不熟练的。因为在三年级上册学生就在《分数的简单应用》这一课时中掌握了：一个物体或多个物体看作一个整体，平均分成若干份，其中的一份或几份可以用分数来表示。由于教师对学生的起点能力分析有误，所以在制定教学目标的时候就出现了一定的错误，导致在教学中花费过多的时间让学生掌握“多个物体可以看作整体”这一知识。这正是由于教师对新教材的教学内容不熟悉而导致对学生起

点能力的分析有误。因此教师在备课时，要认真研读教材、参考教材，了解跟备课知识内容有关的前后知识，准确把握学生的起点能力是制定教学目标的基础。

四、精心策划过程，累积达成目标

目标的达成不是一蹴而就的，必须在教学过程中实现多个活动目标，才能完成整个课时或整个章节的总目标。而良好的目标定位必须具备以下几点：

（1）准确性。既要找准知识的迁移点，也要找准知识的重难点。这就要求对教材有一定的熟悉度，了解学生的能力起点。

（2）可操作性。教学目标切入点要小，合理、清晰、具体，不能追求过高过全的目标，要懂得取舍。在教学目标的陈述中要尽量避免使用隐性词语，也不要将活动目标和教学目标混淆，只有当教学活动或教学评估按预期学生的学习情况陈述以后，目标才会变得清晰。

（3）多元性。通过系列的活动过程，实现过程目标，培养学生对数学的兴趣非常重要。

（4）弹性。要有一定的弹性空间，要关注学生的差异，对不同的学生有不同的考虑，让不同的学生有不同的发展。

准确的目标设定能让学习达到事半功倍的效果，实现导教、导学、导测评，在目标的指引下，教师在备课时才能围绕“教什么”“怎么教”“教到什么程度”等设计出适合学生特点的教学活动。

参考文献

［1］广州市教育局教学研究室．广州市义务教育阶段学科学业质量评价标准［M］．广州：广东教育出版社，2013.

［2］教育部基础教育课程教材专家工作委员会．义务教育数学课程标准（2011年版）解读［M］．北京：北京师范大学出版社，2012.

学而时习，温故知新

——空间与图形的总复习策略研究

曾丽梅

六年级数学下册关于《空间与图形》的总复习，是对整个小学阶段几何知识的梳理。作为小学阶段一个知识系统的总结，我们要达到以下的复习目标：①知识结构体系的构建；②能运用所学知识解决实际问题；③查漏补缺。复习的内容量比较多、杂，怎样能高效地提升学生关于空间与图形复习课的思维含量，达到温故而知新。笔者主要从以下四个方面着手：

首先，以点带面，逐个击破。即不重复不遗漏地整理知识点，重组几个图形的概念、性质、特点。

图形的认识是几何的基础，它无非就是考虑点、线、面、体的特点。①点是个抽象的概念，小学阶段的学生理解“点”比较有困难，但六年级的学生已经有一定的知识积累，他们对“点”已有一定的感知，只要在具体的图形展示中考察即可。常见的点是三角形的顶点，线段的端点，长方体正方体的八个顶点，圆锥的顶点。落实到具体物体的点，也就不需要教师在课堂上过多强调。②线是点的集合，小学阶段认识了线段、射线、直线、垂线、平行线。线段有两个端点，能量出长度，射线只有一个端点无法测量出长度，直线没有端点无法量出长度，平面上相交成直角的线互相垂直，不相交的两条线互相平行。由一个顶点引出的两条射线的图形就是角，掌握角的特点，认识不同的角。小学阶段既要认识不同的线和线的特点，还要能测量线的长度。③面是线的集合也就是平面图形。我们常见的平面图形有：长方形、正方形、三角形、平行四边形、梯形、圆。应该让学生在回顾不同图形的特点的同时，对其各有的特征和性质再构造，掌握周长、面积的概念，充分掌握求不同图形的周长、面积的方法。④面的集合是体。小学阶段认识了长方体、正方体、圆柱、圆锥，学生不仅要掌握求体积、容积、表面积（圆锥除外）的计算方法，还能用相对应的知识解决组合图形的知识。所以，在进行知识回顾之前要对不同的概念再次呈现，如封闭图形一周的长度是周长，物体所占空间的大小叫体积，所能容纳物体的体积叫容积等。概念的再次呈现，才有助于学生更深入地复习。

图形的测量是解决问题的基础。只有清楚地知道图形相对应的量才能求出相对应的量。基础的测量有长度测量、角度测量、面积测量。其中，长度测量不仅要会用尺子测量直观的问题，还要掌握“毫米”“厘米”“分米”“米”长度单位的度量以及大单位“千米”的抽象感念。同时，它还关系到长度单位的认识和换算：1 厘米 =10 毫米，1 分米 =10 厘米，1 米 =10 分米，1 千米 =1000 米；角度测量就要使用到量角器，而量角器的正确使用也是小学阶段的一个难点。在复习中，要让学生温故而知新，正确使用量角器测量角和画角。

图形的变化包括平移、旋转、轴对称。能根据不同的图形判断变化趋势，也能根据变化趋势画出相对应的图像；位置包括辨别 8 个方向：东、西、南、北、东南、东北、西南、西北，以及具体的×偏×（×）度，还要能根据数对辨别位置，根据数对找出相对应的物体。对不同的几何图形的感念和性质有了再认识之后，教师应该采取相应的训练方法加深学生对基础概念和基础知识的理解。如：填空、对公式的简单实用题、“不要求计算只做判断”的专项练习（这适用于各个内容的复习）等，用最简单有效的方式考察学生的掌握程度。

其次，理清脉络，构建图形静态知识网络，开展纵向和横向交叉知识重组。

构建知识网络可以帮助我们理解知识间的内在联系。在复习的过程中，我们总能发现学生不能灵活快速地开展知识回顾，是因为学生的脑中只有对知识无序的记忆，而缺乏对知识的统筹建构。美国学者布鲁纳认为传授学科结构建立知识网络的好处有：①掌握结构，有助于解释许多特殊现象，使学科更容易理解；②有助于更好地记忆科学知识，因为出发把一件事情放进构造得更好的模式里，否则就会忘记；③有助于促进知识技能的迁移，达到举一反三、触类旁通的目的；④有助于缩小高级知识与初级知识之间的差距。

六年级的复习是要考虑小学知识的层次性和关联性，将多个初级空间与图形的知识整合出它们的关联图，有助于唤起学生过去六年所有的知识记忆。比如：

平面图形

图形	特征	高	周长	面积
长方形	两对边相等，四个角都是直角		（长+宽）×2	长×宽
正方形（特殊的长方形）	四边相等，四个角都是直角		边长×4	边长×边长
三角形	两边之和大于第三边，两边之差小于第三边。内角和等于180度	三条（顶点到对边的垂直线段）	三边之和	底×高÷2（是平行四边形面积的一半）
平行四边形	对角相等，对比相等	无数条（两对边的垂直线段）	四边之和	底×高（由长方形面积推出）

（续上表）

图形	特征	高	周长	面积
梯形	两条边平行	（无数条）两平行线之间的距离	四边之和	（上底+下底）×高÷2（两个完全一样的梯形可以拼平行四边形）
圆	到圆心距离相等的点的集合		$C=2\pi r$ $C=\pi d$	$S=\pi r^2$， $S=\pi(\frac{d}{2})^2$ （把圆平均分成若干偶数份，可以拼成一个近似长方形的图形）

教师要清晰地了解小学阶段数学知识脉络，开设相关联知识的整体复习和专题复习。了解不同图形之间的关联性和不同点，掌握公式的推导方法。如图形的面积推导：长方形的面积计算公式可以推导出正方形、平行四边形、圆的面积计算公式，平行四边形面积计算公式可以推导出三角形和梯形的面积计算公式。利用表格等方法进行梳理后，还可开展纵向和横向交叉知识重组，用不同的图形表示知识点的异同和相互包含的关系。如：

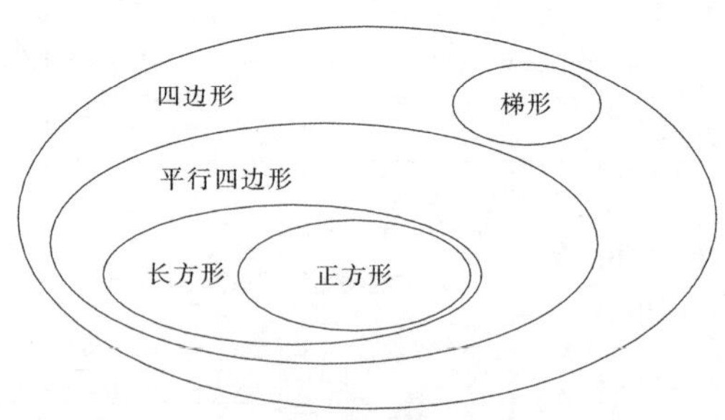

不同图形之间的关联性

在统一知识体系中，分析知识点之间的联系和区别很重要。把握知识点的联系，构建出简单的知识网络能在复习中达到事半功倍的效果。

再次，融会贯通，全面梳理。通过知识点与知识点的关系把握整体。

真正对知识的梳理或许是这样的过程：把内容变成一个个点或元素（不重复、不遗漏，“由厚变薄”）——根据知识之间的逻辑关系，考虑呈现的形式（形成知识结构，选择、判断）——确定形式，进行整理（知识结构的外化，个性化的创造，“由薄变厚”）。有时，整理不是一次完成的，所以整理完成后甚至在整理过程中，都会有对形式的调整与修改。

之前，我们已经对已学知识进行了一次细化复习和整体建构。可能还有部分学生对基础知识的掌握不是很理想，就要再次进行简单的查漏补缺工作。这项工作可分为两部分。第一步，将学习任务交给小组，让学生在小组内查漏补缺，最好能形成一份书面的内容，有利于中下学生的掌握。这一次的整理最好是对整个知识脉络的整合。第二步，教师整合一份简单且详细的练习题让学生独立完成，小组交流，教师有所提示地补充。

最后，灵活运用已有知识解决问题，用发展的眼光看知识点的持续发展。

《义务教育数学课程标准（2011 版）》明确指出：“几何直观主要是指利用图形描述和分析问题。借助几何直观可以把复杂的数学问题变得简明、形象，有助于探索解决问题的思路，预测结果。几何直观可以帮助学生直观地理解数学，在整个数学学习过程中都能发挥着重要的作用。”我们不仅在几何内容教学中要重视几何直观，在整个数学教学中都应该重视几何直观，培养几何直观能力应该贯穿义务教育数学课程的始终。小学阶段的几何教学要更加注重知识的可持续发展。六年级下册的空间与图形总复习既是对整个小学几何内容的整合，也是中小学几何知识的衔接点。在完成了上面的基础知识回顾之后，学生就要用已有的知识量解决问题。

几何学不仅能帮助我们去了解图形的性质和图形性质之间的逻辑关系，还能帮助我们建立一种几何直观，即用图形说话。几何教学可以培养学生会用图形来描述问题，分析问题，通过图形来发现解决问题的思路，能够用图形描述我们得到的结果。学生培养几何直观，不仅在几何学习中是重要的，在代数学习中，在任何数学分支学习和研究中也很重要。因此，小学阶段的几何复习课教学需要注重知识的可持续性。

参考文献

[1] 教育部基础教育课程教材专家工作委员会．义务教育数学课程标准（2011 年版）解读［M］．北京：北京师范大学出版社，2012.

[2] 广州市教育局教学研究室．广州市义务教育阶段学科学业质量评价标准［M］．广州：广东教育出版社，2009.

如何让语文课堂更精彩

钟新群

一部好看的电影或电视剧，总能有一些精彩的镜头留在我们的脑海里。一堂好课，也总会有一些精彩的片段让我们回味无穷。这些都源于细节的魅力。每一位语文教师都希望自己的课上得精彩，也都在为此不断地探索与实践。通过多年的理论学习和实践探索，笔者逐渐认识到，关注教学细节是让课堂教学变得更加精彩的有效途径，成功的教学正是由一个个精彩的教学细节构成的。

苏霍姆林斯基说过："教育，这首先是关怀备至地、深思熟虑地、小心翼翼地去触及年轻的心灵。在这里，谁有细致和耐心，谁就能获得成功。"所谓的"细致"，就是教学的细节。所谓教学细节，就是教学中的各个环节，是完成教学任务的各个步骤。具体指发生在课堂教学过程之中的充满思辨与灵性的课堂场景，它可以是很细小的环节或情节，也可以是一个细小的片断或一种小小的创意，它充盈着灵动的智慧，洋溢着人性的光辉。课堂教学正是由一个个教学细节组成的，并通过细节来实现培养人与完善人的教学目标。为此，在语文教学课堂中，笔者做了一些关注教学细节的尝试。

一、创设细节——让课堂焕发异彩

教学细节是可以"打造"的。有些细节表面上看是信手拈来，即兴所得，而实质上是匠心独运、有意安排的。它的背后是一种理念，是一种思想的体现。虽然有时我们无法预料课堂会生成些什么，但至少我们可以预设一些细节，创设一些精彩，让学生进入老师所创设的情境，让课堂焕发异样的光彩。

教学设计的细节，首先缘于对教材、对学生和对环境的深刻理解与把握，缘于对各种教学资源的有效组合与利用。它不是肤浅的作秀，不是为刻意追求亮点而设的“应景之作”，也不是故弄玄虚。充满活力的教学细节，要靠教师精心创设，用心打造。这样的设计在我们的教学中也随处可见。如：在执教《小珊迪》一课时，为了让学生深入地感受小珊迪的贫困，笔者设计了这样的细节：

师：我们来做几道数学题，1元＝（ ）角　　1角＝（ ）分，1先令＝（ ）便士。

生：1先令等于12便士。

师：你怎么知道的？

生：那位先生给小珊迪1先令，买火柴需要1便士＋丢了7便士＋归还的4便士，总共等于12便士。

师：你是一个善于发现的孩子。请大家猜猜，1便士大概等于多少分？

生：10分左右吧。

师：1便士大概只有六七分。

这时学生满脸惊讶：“啊，原来就这么丁点钱？小珊迪为了这么丁点钱竟一次又一次地‘纠缠’‘我’，小珊迪是多么贫穷呀！”笔者顺势引导：“珊迪非常需要钱。有了钱，他可以买衣服御寒（板书：钱）；有了钱，他可以去买面包充饥（板书：钱）；有了钱，他可以去医治自己的双腿（板书：钱）；有了钱，他可以去照顾自己的弟弟（板书：钱）；有了钱，他可以去上学，去过像我们一样的幸福生活（板书：钱）。”我边充满激情地述说边板书一个比一个大的“钱”字。最后话锋一转：“这样一个需要钱的孩子，他又是怎么做的呢？”……一石激起千层浪，有的学生由衷发出这样的感叹：“小珊迪是一个多么守信用的人啊！生命垂危的情况下，他依然没有忘记把找回的零钱还给人家，派年幼的小弟弟把钱还给先生，这是多么宝贵的品质，高尚的人格。”还有的说：“小珊迪是一个多么善良的人啊!”说到这儿，小珊迪的形象已经高大起来，师生为他凄惨的境遇深表同情，同时也为他人格的尊贵而感到心灵的震撼。

这正是由于细节铺垫触动了学生的情感，学生才走进了文本，主动参与，全员参与，全程参与到感悟“小珊迪是个怎样的孩子”，深刻感受了小珊迪善良、守信的品质，这是一种“细节”的巧妙设计。在想象说话的过程中，饥寒交迫的珊迪身受重伤，但坚持恪守自己的诺言，送还零钱的高贵品质自然呈现在学生的脑海中。课中，较好地体现了“学生是语文学习的主人”这一教学理念。

一棵树最能体现其生命活力的是茂盛的枝叶，一堂课的精彩莫过于活跃其间的闪光细节。课堂的精彩生成离不开对文本、对教学过程中细节的精心预设，教师要用开放的眼光去预设理想的教学情境：预设文本中哪些关键的字、词、句、段需要挖掘，任何挖掘、预设应采取怎样的教学步骤、方法，达到怎样的教学效果；预设学生有哪些生活体验，会怎样提问、解读、感悟，会出现哪些错误，相应地，教师应采取怎样的策略。如果教师在预设中设计好这样的一个个细节，课堂教学可以预约精彩，课堂也可以魅力无穷。

二、捕捉细节——让课堂闪烁智慧

苏霍姆林斯基曾说：“教育的技巧并不在于能预见到课的所有细节，而在于根据当时的具体情况，巧妙地在学生不知不觉中作出相应的变动。”课文中的有些文字非常有穿透力，就像一首音乐有主旋律一样。一篇文章中往往有提纲挈领、回环复沓、极力铺陈的句子，在教学时如果处理好了这些地方的细节，就能给学生由内而外的震动。

例如，在教授《一夜的工作》时，有一段文字：“他一句一句地审阅，看完一句就用笔在那一句后面画一个小圆圈。他不是浏览一遍就算了，而是一边看一边思索，有时停笔想一想，有时问我一两句。”笔者有意把“一句一句”改成了“一句句”，这时有的学生马上站起来提出，便顺水推舟，让学生思考“一句一句”与“一句句”可以互换吗？让学生读读、想想、议议、赏赏，他们有自己的合理的见解。有的学生在交流时说：“‘一句句’表示的阅读速度比‘一句一句’快，像在浏览，而事实上，周总理是在审阅，他‘看完一句就用笔在那一句后面画一个小圆圈。’‘一边看一边思索，有时停笔想一想，有时问我一两句’。”从这里可以看出他逐句推敲。这说明了周总理对待工作一丝不苟，极端负责。如果改为“一句句”就显得周总理改稿子有些仓促、心急，不符合实际。然后，让学生朗读体会，经历与文本对话的过程。

这个细节设计是通过“一句一句”与“一句句”的比较，加深了学生对“一句一句”的理解，更体验了周总理为国家、为人民忘我工作的精神。对这些的细节捕捉让课堂教学饱满充实，也让学生终生难忘。因此在具体的教学中，需要教师具有一双善于发现的慧眼，及时捕捉课堂细节，那么课堂就能闪烁智慧，生成别样的精彩。

三、挖掘细节——让课堂充满灵性

杨再隋先生说过：“忽视细节的教育实践是抽象的、粗疏的、迷茫的实践。”成功的教学必定离不开精彩的细节。教学细节藏得很深，要靠教师去挖掘。睁大发现的眼睛，深入挖掘细节中蕴藏的教育资源，课堂教学就会因之而充满生命的律动，课堂就会因之而精彩不断。

例如，《李时珍》一文中有这样一句话：“他还亲口品尝了许多药材，判断药性和药效。”对句中的“品尝”一词的理解，笔者设计了这样一个教学细节：

师：“品尝”是什么意思？

生：“品尝”在文中指亲口吃一吃，仔细辨别的意思。

师：李时珍为什么要亲口品尝那些不知名的药材呢？

生：为了判断药性和药效。

生：只有亲口品尝，才能辨别药材的性能，知道不同的效果和反应，才能编写比较完善的药物书。

生：李时珍亲口品尝是对病人负责，他品尝过了，就能更准确地知道不同药材的药性和药效，病人就不会吃错药了。

师：李时珍品尝药材会发生什么危险？

生：李时珍品尝可能产生严重的药物反应，使他睡不着，吃不下饭。

生：李时珍也许会因为品尝药物而昏了过去，失去知觉。

生：也许会有生命危险。

师：亲口品尝药材，这需要多大的勇气？那么，从“品尝”一词中，你体会到了什么呢？

生：李时珍是一位把病人安危放在首位的好医生。

生：李时珍是个了不起的人，为事业连死都不怕。

生：李时珍不愧为伟大的医学家和药物学家。

“品尝”本是一种享受，在本课中，李时珍的“品尝”却是吃苦和冒险，经过教师的耐心叩问，静静倾听，深入挖掘，使学生加深了对课文的理解。在教与学、师与生、生与生的良性互动中，教师能敏锐发现、善于捕捉有价值的细节，抓住教育时机，深入挖掘，寓教育于无痕。珍视教学细节，教师要永远对课堂中的“人”充满真切关注和终极关怀，要让教学细节回归生命关怀的教育本质，才能有效触动学生心灵，让灵动的智慧和人文的光辉盈溢课堂。

汪中求说过：“细节决定成功。”因此，捉住一个细节，就能生成一次精彩的教学。细节虽小，却不容忽视，值得我们认真关注和研究；细节虽小，却能折射出教育的大理念、大智慧；细节虽小，却能闪耀出生命智慧的光环；细节虽小，却是“生命”的智慧创造……课堂教学也许无法做到完美，但教师要关注细节，把握细节，让细节绽放光彩，让课堂呈现精彩。

参考文献

［1］汪中求. 细节决定成败［M］. 北京：新华出版社，2004.

［2］赵国忠. 中国著名教师的课堂细节［M］. 南京：江苏人民出版社，2007.

［3］郑杰. 给教师的一百条新建议［M］. 上海：华东师范大学出版社，2004.

润泽情感　让品德课堂彰显生命力

钟新群

《全日制义务教育思想品德课程标准（实验稿）》指出：注重学生的情感体验和道德实践，在教学中，不断创造条件，促进学生的道德践行，丰富学生的情感体验，感悟和理解社会的思想道德价值要求，逐步形成正确的道德观和良好的行为习惯。所以，品德与（生活）社会课教学应关注学生的情感体验和学习体验。通过各种活动，在真实的环境中，让学生在多姿多彩的课堂学习中体验生活，在游戏中品味生活，在活动中增长知识，在讨论交流中培养品质，在欣赏中发展能力。

现结合笔者的教学实践，谈谈对思想品德课情感体验教学的粗浅认识。

一、思想品德课体验教学的内涵

所谓思想品德课情感体验教学，是指在思想品德课教学中，教师积极创设各种教学情境，引导学生由被动到主动，由依赖到自主，由接受性到创造性地对教育情境进行感悟，使学生在亲历和体验过程中理解知识、发展能力、建构意义、生成情感，让学生作为主体参与整个教学过程，充分感受蕴藏于这种教学活动中的欢乐与愉悦，从而促进学生自主发展的一种教学方法。

二、实施情感体验教学的必要性

思想品德教育主要不在于对道德知识的死记硬背，而在于体验与实践。美国教育家杜威提出了“教育即生活”主张。他反对把“学习知识从生活中孤立出来作为直接追求的事件”，认为应当关注学生的生活经验，以学生自己的生活为中介解决学生生活的多样性与具体教材内容的抽象性和概括性的矛盾。德育教育实践证明，道德教育的实效是在体验中发生的，只有诱发和唤醒了体验者的道德体验的道德教育，才能对其生存实践和生命健康成长发挥实际的促进作用，离开了学生的自我体验，正确的行为规范就不能真正内化。可见，在思想品德课的教学中，运用体验式教学来增强该课程的高效性、实效性是非常必要的。

三、实施情感体验教学，构建高效课堂的策略

（一）营造和谐平等的师生关系是前提

古人云：“亲其师，信其道。”平等和谐的师生关系是实现情感、态度和价值观三维教学目标的前提。新课程背景下思想品德课的教学过程，应该是师生人格平等的互动过程，应该在充满真诚、温馨与和谐的氛围中进行。平时，笔者注意尊重每一位学生的人格，尝试着与他们交朋友，经常与他们交流思想感情并不失时机地对他们进行教育，关注他们的成长，尽自己的所能为他们解决生活上、学习上遇到的困难等。而这一切换来的是学生的信任、师生间关系的融洽。这就为笔者教学中顺利开展情感体验和道德实践创造了良好的条件。和谐平等的师生关系，如同对流层中的云气——平等交流，可以促进师生间的情感交流，可以使学生在轻松愉快、互动的教学气氛中获得知识和情感体验，这是开展“体验式”教学的前提条件。

（二）在情境中感受

人的情感不是凭空产生的，总是由一定的情境刺激所引起的，所谓“触景生情”就是这个道理。将教材、教师、学生的情感统一在特定的情境之中，可使学生置身于可感知的环境中去观察，这样就能较好地从心理上接受正确的道德价值观念，进而自觉地将之内

化为自己的行为准则。因此，实施情感体验式教学，关键是教师要用“心”去创设有意义的情境。

1. 渲染气氛，营造良好的教学氛围

人的情感总是在一定的情境中产生的，尤其是少年儿童情感的产生与特定的环境和氛围有着密切的关系。在充满欢乐的气氛中容易产生愉快的感觉，在哀伤的气氛中容易产生悲痛的感觉。如在上一年级《我爱爸爸妈妈》一课时，父母对孩子无私的疼爱，孩子对父母无比的依恋，这种体验是每一个小朋友都有的。教师根据这一实情，在引入新课时，请一个小朋友独唱《我的好妈妈》，歌声使同学们沉浸在一片温馨的气氛之中，父母疼爱照顾自己的许多回忆在同学们脑海里浮现。此时，爱父母的强烈的情感体验油然而生了。紧接着老师组织同学讨论：“你们爱你们的父母吗？为什么？”同学们积极举手发言，激动地叙述着父母是怎么爱自己的，自己是怎么爱父母的，在这样一种良好的氛围中进行教学，使学生产生强烈的直觉情感。

2. 理解观点，产生体验，达到情理交融

有些道德观点，只能意会，不能言传，必须借助于情境教学，产生情感体验，才能理解和掌握它。如在讲授三年级（下册）第二课《要有民族自尊心》时，什么是民族自尊心？这一概念比较抽象，很难用语言表述清楚。老师通过图片，介绍亚运村规模宏大，结构新颖，设备先进，这一切受到国际友人的称赞。通过这一情景教学使学生产生国家强盛，受人尊重而感到自豪的体验，同时学生也理解了民族自尊心的含义。苏霍姆林斯基说过：“只有当思想体现在鲜明形象时，儿童才能理解它。”通过情境教学达到了既明理又动情，情理交融的目的。

（三）在活动中体验

实践运用就是将已有的道德认识运用到解决问题的过程中，更好地体现这门学科的特征，游戏活动作为一种有效的学习方式，有利于学生体验集体活动的乐趣，对培养学生的情感，遵守规则，学习科学知识等具有很好的作用。

教授《我和太阳做游戏》一课时，笔者就把学生带出教室，让他们站在小操场上，闭上眼睛，伸出双臂，感受阳光带给大家的愉快体验。在阳光下观察自己的影子，感受影子与阳光的关系，然后组织孩子按照规则做“踩影子”的游戏，开始让学生自由地玩踩影子游戏，教师利用合适的契机指导学生观察思考：阳光、我们以及我们的影子是一种什么关系？每个躲避自己影子被踩的同学的动作与姿势是否一样？为什么？让学生通过观察思考，发现阳光和我们的影子分别在我们身体的两侧。每个同学都必须根据情况调整自己的身体动作与姿势，这样才能使影子处于不断的变化之中，才能避免被追赶的同学踩到自己的影子。

然后，让学生们玩“手影”的游戏，先让学生根据自己的想象，将双手在阳光下自由做出不同的比画动作，观察影子出现在什么地方，影子的形状像什么。组织学生观察、讨论，发现了阳光、手和手影三者之间的关系：阳光和我们的手影分别在我们手的两侧；当我们的手势发生变化时，我们的手影也会跟着发生变化；手影有时会出现在地上，有时会落在墙上或其他同学的身上。

这样，让学生自己做和太阳有关的游戏，谈有关太阳的知识。探究和阳光有关的一些自然现象，培养学生爱观察、好提问的好习惯，激发学生探究大自然的兴趣。从而在愉快的游戏活动中很好地完成了教学任务。

（四）在讨论中感悟

讨论是最常用的儿童学习、交流活动形式，可以是小组的，也可以是全班的；可以是随机的，也可以是专门安排的；讨论活动能使儿童有机会运用多种方法表达自己的感受、想法，展示自己的成果，分享交流，锻炼表达能力等。由于低年级的学生年龄小，组织的讨论一定要有利于他们理解和交流，要让他们在“品德与生活”课上能找到参与讨论的切入点。为了防止学生形式上的讨论，老师应有计划、有目的地组织讨论。例如，教授《我们班里故事多》一课时，笔者组织学生讨论这样的问题：小朋友，你们在一起生活了一年多了，哪一位同学值得你感谢的，当你有困难，同学帮助自己时，你的心情是怎样的？你怎样感谢他呢？老师请各组小朋友先在一起讨论一下，然后每组推选代表向全班同学进行汇报。这样，他们讨论的时候就有话可说了。再指导学生设计自己的感谢卡，想一想：谁帮助过自己？是什么事情？能用什么画画出来？写一句什么话表达自己的感谢之情？让学生制作好感谢卡后，进行同桌交流，再把卡送给自己所感谢的人。然后，在班上办一个“留住我们的感谢”展览。在《我们都是好朋友》的乐曲声中，每个同学把别人送给自己的感谢卡放在展览栏中。在全班同学交流的过程中，促进了同学之间的友谊和团结。

又如，根据现代儿童自我意识强，对他人却漠不关心的实际情况，笔者组织学生在班里举行一次联欢会，要求每一个同学带一样食品参加联欢会。联欢会上许多同学争先恐后，只顾自己拣好的吃，不关心他人，有的还发生了争吵。对此，笔者提出了“联欢会上为什么会争吵？”这一问题开展道德评价，同学们纷纷发言：“联欢会上的争吵是因为一事当前，只考虑自己，不关心别人，同学之间不能谦让。”通过辨析明理，使抢吃、多吃、争吵的同学感到羞愧和内疚。过了一段时间，笔者又组织了第二次联欢会。这一次，同学之间、师生之间互相关心、互相谦让，友谊温暖了每一个人的心，大家感到非常愉快。笔者又组织大家进行讨论：“第二次联欢会上为什么大家都感到非常愉快？”通过讨论大家深深地体会到：关心别人，为他人着想，这是一种高尚的品德，人和人之间，只有互相关心，互相爱护，才能团结友爱，和睦相处。通过这样的评价活动，可以形成对好人好事的赞扬、向往，对不符合道德标准的行为进行批评、指责，可以引起学生爱憎分明的情感。

体验式教学对于现在的课堂教学中的价值在于学生能够在实际的体验活动中能够获得真实情感，它让学生对所学的知识产生了一种直观的、深刻的理解。体验式教学能够大幅度地提高学生在课堂上的积极性，也有利于建立起一种平等的互相尊重的师生关系。在体验式教学的活动中获得的内心感受和体验，是促进学生好好学习的原动力，同时它也可以增强教师的教学效果，提高课堂效率。

参考文献

[1] 任晓华．小学品德“体验课”的研究［M］//广州市教育局教学研究室．小学思想品德课型与教学模式研究．广州：新世纪出版社，2002.

[2] 翁美清．思想品德明理课“情境创设”教学策略探讨［M］//广州市教育局教学研究室．小学思想品德课型与教学模式研究．广州：新世纪出版社，2002.

[3] 林崇德．教育的智慧［M］．北京：北京师范大学出版社，2005.

小学英语课堂教学管理初探

朱雪勤

课堂教学管理是指在课堂教学过程中，教师不断地组织学生注意、管理纪律、引导学习、建立和谐的教学环境、帮助学生达到教学目标的行为。课堂管理的实施是课堂教学得以动态调控，教学得以顺利进行的重要保证。课堂管理的水平对提高教学质量和教学效率有着举足轻重的作用，应当受到高度的重视。有教育专家的对比试验研究表明：实习生与优秀教师最大的区别不在于知识传授的水平和方法（如讲解和提出问题），而是在管理水平上（如控制课堂场面、诊断评价、及时确认反馈等）。这足以说明课堂管理的重要性。根据笔者的英语课堂教学管理实践，将从以下几个方面谈谈：

一、小学英语课堂教学管理优化的特征

达到优化的小学英语课堂教学在管理上应具备如下的几个特征：

（一）师生关系和谐民主

和谐民主的师生关系主要有三个方面的表现。第一，教师热爱、尊重学生，对学生持肯定、接纳的情感态度，对他们寄予并表现出期望，而学生对教师尊重、信任，积极配合教师的教学；第二，教师对学生一视同仁，尤其是对学习有困难的学生有信心和耐心，善于激发他们的自信心和学习热情；第三，教师能通过自己的课堂教学行为，如组织学生活动、评价学生表现等来引导和促成学生之间形成相互尊重、相互合作的互动关系，学生在互动过程中相互帮助，彼此启发，共同进步。

（二）课堂气氛既严肃认真，又生动活泼

所谓严肃认真，就是指学生注意力集中，没有违纪现象；所谓生动活泼，就是指学生参与教学活动积极主动，思维活泼，反应敏捷，智力得到锻炼，创造性得以发挥。

这种课堂气氛的形成在很大程度上取决于教师的教学状况，即教学设计与设计实施的情况。因此，除了实施常规的课堂纪律管理，教师更要从教学目标的设置、教学内容的处理、教学方法与手段的选择，以及教学技能的提高等方面来达成课堂纪律管理的优化，如使教学目标具体完整，切合实际；使教学内容难易适度；精心组织各项活动，保证活动的目的明确，形式多样；各环节之间过渡自然，连贯一致，使用符合学生的年龄特点与能力水平的教学语言；清楚准确地发出指令等。

（三）学生的主体地位得到充分的体现

在小学英语课堂教学中，学生的主体地位主要体现为参与教学活动的广度、密度和深度。所谓广度，就是指参与教学活动的学生的面要广，量要多，要保证绝大多数的学生在课堂上有足够的语言实践机会，特别是不能冷落学困生，要给学困生体验成功的机会。所谓密度，就是指教师精讲，学生多练，并且保证操练的频率较高，节奏较快，避免松散、拖拉。从量上来看，教师讲解、示范与学生活动的比例不应大于1：3。学生参与教学活动的人数与时间得到了保证并不意味着其主体地位得到了保证。有些课堂貌似热热闹闹，学生参与教学活动的面和量都比较大，但在能力发展与思维训练方面的收获却不大。造成这种情况的主要原因是活动的质量不高。学生在教学活动中的主体性关键还是取决于学生活动的质量。所谓学生活动的“深度”是指活动质量。高质量的学生活动应该是：一是具有层次的递进性，即要有机械系统的操练，更要有意义性和交际性的练习，要体现出对语言知识由理解到熟练，再到实践应用的发展过程，即要实现语言知识向交际能力的转化；二是形式多样、内

容有趣，学生在活动中能感受到挑战的刺激与成功的欢乐，从而激发起学生对英语学习的极大兴趣，产生强烈的学习欲望；三是在听、说、读、写的过程中伴随着充分的智力活动，使观察力、记忆力、思维想象能力得到锻炼与提高；四是有利于学生自学能力与自我调控能力的养成。学生能在教师的指导下，对照目标寻找差距，根据自己的实际调整学习方法，控制自己的情感态度，增强主体意识，获得自学能力。

（四）英语气氛浓厚

浓厚的英语气氛主要表现为：①教师能用符合学生能力水平的英语，配合手势、动作、表情来组织教学，使学生真实地感受到语言的交际性和实用性，使学生在课堂上有尽可能多的机会练习英语听、说，巩固语言知识，强化技能。②情景教学的特点突出。教师善于利用实物、录音、电脑、动作表演以及语言等创设情景，或者能巧妙利用课堂中的真实情景，在情景中引出语言材料帮助学生通过视听觉形象加深理解。设置情景进行语言操练能较好地引起学生的听、说交际欲望，使学生产生内在的学习需求，自觉地投入学习活动中，即自觉、主动地注意、记忆、想象、思维，甚至达到欲罢不能的境界。情景教学由于能将语言与事实概念直接联系起来，而不需以母语为中介，因此还有利于培养学生用英语思维的习惯。③学生参与学习活动的兴趣浓厚，量大面广，课堂呈现勃勃生机。

（五）活动组织形式多样、有效

英语课是实践性很强的课，学生的活动应始终处于一个突出的位置。活动的组织形式对活动质量有很大的影响。从体现学生主体的角度来说，应该是个人、小组、集体操练的形式相互组合，为学生提供尽可能多的参与机会；针对儿童有意注意时间较短的特点，应避免活动形式单一枯燥，可采用唱歌、游戏、表演等多种形式来设计活动，组织起学生的无意注意；从交际能力的培养来说，应注意听、说、读、写四种技能训练的结合，使学生的信息输入与输出的水平都能得到提高。

（六）反馈调控及时有效

调控是指教师针对课堂上学生反馈的信息随时调整教学进度、教学方法以及教学内容的深浅程度，对学生的表现及时给予评价、鼓励、表扬或劝阻，从而使整个教学过程朝着预定的目标有序地推进。在课堂教学中，教师要能够通过观察、提问、巡视、抽查、检测等方法随时对学生掌握教学内容的情况进行了解，做出准确判断，并根据反馈情况对教学的节奏、内容的难易程度、教学方法、手段等作出相应的调整，对学生好的表现予以肯定和鼓励，对错误的表现和行为及时予以纠正或制止。

二、课堂教学管理中常见的问题及其产生的原因

（一）课堂气氛沉闷，学生兴趣不高

造成这种现象的原因主要有以下几个方面：

（1）语言材料呈现不生动，未能引起学生的兴趣；

（2）操练形式单一，节奏缓慢拖拉，学生容易厌倦；

（3）教师讲解过多，而学生活动量少，处于被动接受状态，自主性和积极性遭到抑制；

（4）教师未能根据反馈信息及时调控教学。

（二）课堂秩序混乱，学生注意力分散

这里主要谈谈由教师方面引起的秩序混乱，包括：

（1）工作态度马虎，应付了事。授课方法和手段单调枯燥，学生完全没有兴趣，上课做其他事或打闹。

（2）对待学生或简单粗暴，或冷淡生硬，造成师生间情绪的对立，学生跟老师对着干。

（3）不注意帮助学生建立良好的行为标准，对学生放任自流。

（4）教学结构混乱，缺乏连贯和一致性。教学随意性行为多，

一会儿东，一会儿西，或者任意发挥，使学生头脑混乱，无所适从。

（5）组织学生活动或布置作业时指令含糊，学生或频繁举手发问，或者彼此为“做什么、怎样做”纠缠不清，造成练习活动效率低，质量差。

（6）放得开，收不拢。在进行了游戏、比赛、表演等气氛热烈的听说活动后，教师不能及时有效地使学生恢复平静并将注意力转入下一学习环节，影响了教学计划的完成。

（7）对学习违纪行为和突发事件处理不善，使矛盾激化，事态扩大，教学无法正常进行。

（三）个别学生违纪和突发事件

由于学习情况因人而异，即使教师采取了多种措施来防止违纪现象出现，课堂上往往还是会有个别学生做出不同程度的违纪行为，如思想开小差、看课外书、摆弄东西、不参与课堂教学活动、跟老师作对、骚扰临近同学、恶作剧等。这些违纪行为轻则耽误自己学习，重则影响其他同学，使整个教学秩序受到干扰。

学生违纪行为产生的原因是复杂多样的，往往有以下几种情况：

（1）学习上有困难，不能理解和完成学习任务；

（2）自制能力差，自我管理方面的成熟度低于正常水平；

（3）生理上有障碍，影响学习能力水平，妨碍学习活动的正常进行；

（4）学习或生活上遭遇挫折，情绪受到影响；

（5）受到外界的不良影响，对学习缺乏正确认识。

课堂上的突发事件可以粗略地分为两类：一类是与学习有关的事件，如学习提出教师一时无法回答的问题，给出教师一时不能做出判断的答案，或者提出与当前学习内容无关的问题等。对于这类事件，教师既不可一口否决，也不可置之不理，而应该提出课后与学生讨论；另一类突发事件与学习活动本身无关，如有人找、有学生身体突然不适等。处理这类事情很大程度上依靠教师的经验，无论采用何种具体方法，教师都要冷静、果断，不能使教学中断的时间过长。

三、解决问题的对策

在分析与了解课堂教学中常见问题产生的原因后，就可以针对这些原因寻求解决问题的对策了。

要打破教学过程中的沉闷气氛，教师可以从以下几方面着手：

第一，针对不同的教学内容，结合实际教学条件，用实物、图片、录音机、电脑等设置情景，用陈述、表演、影音放送等手段呈现新的语言材料。务必使情景真实自然，演示生动逼真，尽量使学生能通过观察演示者的表情、动作、语调等领会新语言材料的意思，并产生学习的兴趣。

第二，保持教学节奏明快，张弛有度。主要是指教学结构紧凑，不拖拉。学生活动方面动静结合，富于节奏感。如教师精讲后立即转入学生的操练，在进行了一定量的跟读、替换等机械练习后，学生可能有些疲倦，此时可转入游戏、竞赛，从而引起他们的兴奋；在进行了大量高密度、快节奏的操练后，给学生一点时间自行支配，或看书，或记忆单词，或小结所学内容，让他们有机会回忆、咀嚼、消化新授的知识。

第三，使课堂活动的组织形式有效、多样。这一点前文已有解释，不再重述。

第四，精讲多练。外语教师在课堂教学中要始终把握一条原则——以“显示”为主，避免过多的解释、分析和说明。如在教“现在进行时”这一内容时，有点教师花很多时间讲解概念、列出“主语 + be + doing + 其他”的构成形式，又讲解现在分词的构成规律等，然后要求学生根据这些语法知识完成一些口头、笔头练习。结果是学生不是忘了“be”动词就是忘了在动词原形后加“ing”。另外，一些教师在处理相同内容时，则是先对教室里正在发生的情况进行描述，让学生通过情景来领会现在进行时所表达的概念，通过听觉来感知现在分词的构成。在学生对这一语法现象有了一定的感性认识的基础上，再归纳出其构成形式及概念。这时，教师只需稍加点拨即可，大部分时间留给学生进行大量的听、说练习，使学生形成语言习惯，做到脱口而出，缺“be”少“ing”的情况也就大大减少了。

第五，使用教学语言调节课堂气氛。在学生情绪不够饱满，注意力不够集中时，教师的言语激励往往可以起到很大的调节作用，如教师可以用期待的、鼓励的语气要求学生“Speak louder”“Give me a smile”。又如，教师组织学生表演课文内容时，可以说：“下面咱们来看看哪组同学能最快、最生动地把课文表演出来。”这比说“下面来表演一下课文”更能刺激小朋友们的表演欲，更有可能使小朋友们为了做到“生动”而注意自己的语言、语调及动作、表情的协调一致，从而使课堂气氛更为活跃。教师在教学过程中还要不时询问学生“Is that clear?”“Is that right?”“Got it?”等。这样的询问既可以了解学生领会知识的情况，同时还可以引起学生的注意力。

课堂教学中常见的另一个现象是课堂秩序过于混乱嘈杂。要避免这种情况，教师首先要端正自己的教学态度，以敬业、乐业的职业精神感染学生，以高水平的教学技能吸引学生。在教学中需要特别注意以下几点：

（1）从开学的头一天起就制定并执行课堂规章制度，如不迟到，有同学发言时不讲话等，帮助学生养成良好的行为规范。

（2）教学目标明确具体、围绕目标组织教学内容，各教学环节连贯一致，避免任意发挥。

（3）组织学生活动的指导语清楚明白，对活动的内容、组织形式、完成时限、游戏的规则等都要交代清楚。为避免过多的中文解释，教师可通过示范来使学生明白如何进行某一项活动。在布置学生听录音、阅读或做书面练习时，要提出具体的要求、任务和时间限制。总之，教师的指令越具体明确，学生就越能迅速、有效地完成练习任务，收获就越大，教学秩序也就越能维持在良好的状态。

（4）教学活动的安排做到动静结合，并能有效地使用指令性课堂用语来调遣学生的注意力。如学生在进行了紧张兴奋的游戏后，教师可说口令“One, two, three.”全体学生应声：“Sit up straight.”并在座位上坐直坐好。这时教师对刚才的活动作扼要的评述，然后安排听录音、书面练习等需要安静和集中注意力的活动，这样就能使课堂气氛由热烈喧闹转为安静平和，而不至于出现过长时间的嘈杂。需要说明的是，在学生听、说活动的过程中，特别是在意义性和交际性操练的阶段，课堂上往往出现喧闹的场面。由于这种喧闹是由学生争先恐后，全身心投入听说交际活动引起的，教师不可强行要求学生保持安静。如果学生的兴奋点经常被压制，久而久之，就会失去参与课堂活动的热情，更谈不上发挥创造性了。

对于学生的违纪行为，程度轻的可以用凝视、走近并轻敲桌面等暗示方法来提醒和制止，也可以用“提问法”来转移学生的主意。这里所提的问题不应该是关于违纪行为本身的，而是有关当前学习内容的。因为这里提问的目的是使违纪学生的注意力转移到教学活动上来。对于学生较为严重的违纪行为，教师可明确指出并要求其立即停止。教师处理严重违纪行为时要果断、坚决。查明原因、讲道理要留待课后进行，否则整个教学秩序就会受影响了。

对于突发事件的处理，前面已讲过，不再赘述。

课堂教学管理是一门综合学问，它涉及社会学、心理学、管理学、教育学等多方面的知识，对教师的教学水平提出了较高的要求。由于它对教学质量有着举足轻重的作用，每一位老师都必须要花大力气去掌握它。教师们要以科学理论为指导不断地探索，反复地实践，及时反思与总结，积累起丰富的课堂教学管理的知识与经验，成为一位知识水平和管理水平“双高”的合格教师。

创设教学情境，让学生动起来

温意好

创设教学情境，就是在教学过程中，教师出于教学目的的需要，依据一定的内容，创设出师生情感、欲望、求知探索精神的高度统一、融洽和步调一致的情绪氛围。它对于课堂教学起着很重要的影响和作用。所谓情境创设，就是根据教材的内容和学生的心理特点，创造一个环境，一个场合，一种气氛，使学生能很快进入探究学习的情境中，让学生在情境中感受学习的乐趣，领悟人生的哲理，开发学生创新的潜能，使学生动起来，使课堂教学活起来。单调的数学课堂会让学生感到乏味，影响学生学习的积极性。根据小学生的年龄特点，我们可以在具体的教学活动中创设合理的教学情境，引导学生多动手、动脑，动口，调动学生的各种感官，让学生动起来，积极参与数学的学习过程，提高学生的学习兴趣，达到事半功倍的效果。

一、以学生熟悉的情境为铺垫，让学生动起来

用真实的情境呈现问题，营造问题解决的环境，以帮助学生在解决问题的过程中活化知识，变事实性知识为解决问题的工具。小学生对数的感悟是从数数学习辨认各组实物对象的多少开始建立的。例如，教“数一数”以参观学校为教学情景，将校园环境制成课件，带领学生一路观察，一路数一数，数的同时要求学生将自己的手指动起来，手指的数量与看到的实物数量一一对应，从而感知 1 至 10 的具体数量，学会 1 至 10。也让学生明白，数学就在他们身边，生活等待着他们去发现，拉近了学生与数学的距离，真切感受到学习

内容与生活的联系。

二、创设教学情境，让学生在动手操作中主动学习

小学生对动手操作都富有好奇心，只要给他们提供适宜的素材，他们一定会很乐意地去参与思考。在教学中放手让学生自己动手操作，促使他们手脑并用，从探索中获得新知。例如，在教学“认识人民币”时，设计小小商场，让学生进行操作。先让学生换钱，再根据要求去购买所需用品。通过学生的动手实践、操作，认识人民币，并学会使用人民币。让学生知道数学在生活中的实际运用，从而让学生知道数学的重要性，这就是让学生动起来的结果。

三、创设教学情境，引导学生主动学习，真正让学生动起来

教学中单纯的知识教学会使学生感到枯燥乏味，为了激发学生的学习兴趣，教师可以根据教材中的插图或自己的创意把一节课的有关教学内容编制成合理的教学情景，这样学生就在情境中经历学习活动，不仅感到轻松、愉快，还自然而然地学习和运用到知识。在课堂上创建教学情境，调动学生学习演算的积极性，鼓励学生面对问题敢想、敢问、敢说，让他们在自主探索学习中掌握算理，体会到数学的乐趣，笔者在教“20 以内的退位减法”的时候创建一个奖励吃水果的教学情境。先让学生抢答十以内的加减法计算题，然后进行奖励水果，由此引出 20 以内的退位减法。在教学例题 15 - 9 = ? 时，出示 15 个苹果，让学生抢答九道十以内的加减法计算题并进行奖励，引出例题，再让学生计算。要求先动手摆一摆，再计算并说出算理。

生 1：10 - 9 = 1，1 + 5 = 6 个位上的数不够减，用十位来减。

生 2：9 + 6 = 15，15 - 9 = 6 我是看减法想加法。

生3：我是用小棒直接摆出来的。

师：计算的方法很多，在计算时你们喜欢哪一种方法计算呢？

学生大多数喜欢用第一种方法。这时有一位学生说："老师我也有一种算法。"

师：请说说吧！

生4：先算5－9＝4，再算10－4＝6。

师：你能动脑思考非常好，但是这样的计算显然是不对的，小学阶段小数是能减大数的，你们的作业常有这种的错误出现，谁能帮他找出错的原因？

生5：他这样算是没有道理的，因为5不够减去9，怎么能用5－9＝4呢？又不是9－5＝4。

师问：谁能把你的想法用小棒演示一下吗？

生6：现在是1捆5根小棒，因5根小棒减9根小棒不够减，要从1捆拆开再用10－9＝1，然后把1和5根合起来是6根。

这时老师总结算理。

在教学中，笔者采用学生动口的形式进行组织教学，让学生用自己的语言讲出自己的想法和思维过程，从而对学生的思维产生激励作用。让学生真正动起来，他们才会对学习更有兴趣，他们的学习能力才会得到提高。

四、创设教学情境，培养学生合作学习，让学生动起来

在一节数学课中，合作学习的形式并不是运用在整个系统中，它常常和其他的教学组织形式如教师的讲解、示范、提炼或概括以及学生的独立学习等相结合，这是一个十分重要的问题。只有根据一节课的数学教学内容和学生的实际情况选择恰当的时机，才能较好地发挥作用，给学生创造主动学习的机会。实践表明，每个小组

的人数最好是二到四人。在宣布小组合作时，四人小组往往很自然地把头聚在一起，开始积极参与探讨，做到每个成员都有积极参与的机会，同时能充分保证小组内提出各种有利于讨论的观点，并提出解决富有挑战性问题的方法，不至于因为某一个人的缺席或暂时的不理解而受到遏制。四人小组还可以根据临时的任务需要，比如，计算训练或简单的应用问题等，迅速地分成两人小组。同时可以根据学生的知识基础、兴趣爱好、学习能力、心理素质进行综合评定，然后搭配成若干异质学习小组，做到各组间应无明显差异，力求均衡，这样便于公平竞争，更能让学生主动学习。在教学求“比多少”的实际问题时，从学生抓球的游戏开始，女生抓少一点，男生抓多一点，剩下的最多。然后进行对比，引导学生进行对比，组织学生小组合作交流，可使学生互相启发，互相交流，最终得出问题的解答方法。

总之，创设教学情境，让学生动起来。在课堂情境教学中，要从学生的经验出发，贴近学生的生活实际，使学生获得丰富的学习经验和真切的体验，教师要从讲授者变成一个环境的创设者、方法的提供者。建构主义理论认为，学生学习是在教师的指导和组织下，以学生的“学”为中心，教师是学生建构知识的引导者，引导学生沿着正确的方向，并采用科学的方法，充分激发学生的学习兴趣，让学生独立思考，独立解答，使他们自己摸索出其中的奥秘。

参考文献

[1] 李妍. 小学生数学观现状调查研究：以 A、B 两校为例 [D]. 长春：东北师范大学，2012.

[2] 吴信钰. 小学数学教学联系生活策略的研究 [D]. 长春：东北师范大学，2011.

[3] 白羽. 让生活融入数学，让数学走进生活 [J]. 新课程（教研），2010（2）.

构建数学科学课堂，提高农村教学效率

李耀南

随着我国教育改革的逐步推进，我国农村地区的教育得到了很大的改善。但是，因为我国的地区经济有着很大的差别，教育发展不平衡现象也比较突出。数学属于较为抽象的科目，并且非常考验学生的思维能力与理解能力，教学过程较为枯燥。因此，老师应该具体地了解农村区域学生的情况与其对知识的理解能力来进行施教。在课堂教学活动中，采取合适的方式与方法来增加学生对数学的兴趣，使课堂符合学生的学习需求，提高数学科学课堂的效率，最大程度上发挥出教学资源的优势。

一、科学课堂构建的有关研究综述

（一）国外研究综述

国外对有效率的教学问题的研究起步较早，并且在不断地完善中，西方国家的教学科学化便显得特别突出，为有效率的教学方式建立了原始的理论基础，使教师在时间与效率上把握好，以在较短的时间取得很好的教学效果。有效的教学理论主要有以下几个方面：

第一种是加涅的教学设计理论（以教为主的教育学理论）。加涅的教学理论主要是联合学习理论与九段教学法，加涅把有效教学方法融于学习论中，同时将联结主义与认知相联系，进行了多次研究，去发现教学的一般规律性，从而提供更加实际的科学的教学方法。加涅对心理方面的研究也取得了不小的成果，他在1965年完成了心理学著作《学习的条件》，建构了课堂学习的理论体系。1985年，此书进行重新修订，加进了以学习分析为理论的教学体系，从教学目标、过程、方法、结果的测量与评价四个方面做了探讨，提出了有效的教学理论。花都区教育局提出的“科学课堂”有关教学的理论也参考了加涅的理论，得出了更加有效、科学的数学教学方法。

第二种是维果茨基的最近发展区理论，以教学和发展的联系为主，维果茨基把学生发展的能力划为两种方面，一是“现有发展水平”，是指乐意在老师的教育下可以解决问题，二是“潜在发展水平”，指的是借助他人的能力来解决问题的提高空间，这就是人们所说的“最近发展区”。维果茨基还有对有关心理方面的理论，该理论提出，每个孩子对每种技能的掌握都有一个特定的时期，教师需了解学生学习某种能力的最佳时间，对其教育影响，从而取得良好的效果。

维果茨基提出的“教学需在发展之前”，在花都区教育局提出的“科学课堂”里也有一些应用，事先按年龄对孩子进行能力教育，从而使学生学习时能取得事半功倍的效果，使每一位学生都能有一些进步，这符合现代教育的目标，同样进行数学教育时，维果茨基的教学体系也能发挥一定的作用。

（二）国内研究综述

国内对有效率的教学问题的研究起步较晚，主要吸收与借鉴了西方的成果。20 世纪 80 年代才逐渐提出了“教学效率与效果”的说法，90 年代之后，出现了不少的论著，主要有：

一是从学生的发展进行研究，有余文森的《有效教学十讲》等论著，它参与了我国的“新课改”，对有效的教学进行了更加清晰的设定，对开设课堂情境教学与教与学等方面的叙述也比较详细，在《有效教学十讲》里余文森教授也参考了许多世界著名的教学观点，列举了在改革过程中的一些难题，如目标制定得不够详细、教学内容太过于流程化、教师的责任感的缺少等方面的问题，只有发现问题，才能解决问题，对于教学应该是体验式与创新式结合。

二是孙亚玲的《课堂教学有效性标准研究》，国内外的研究都显示，教师实现教学的工具便是有效率的教学标准，也是提高教师专业性的一个支撑，孙亚玲通过不断研究我国现有的教学框架，讲述了具体的的标准与行为要点，同时要具有科学性与实际性，教师可以根据教学情境来进行探索、创造有个性的课堂氛围等。

花都区教育局提出的“科学课堂”里充分吸取了国内的先进教学理论应用于课堂，同时不断地进行创新，取得了很大的成效。

二、农村数学课堂的教学现状

（一）课堂教学的氛围不够好，且学生们的态度不够积极

由于我国的农村地区经济发展水平相对不高，加之基本硬件的缺失、教师队伍的力量小，致使农村地区的教学质量较低，特别是对数学的教育，学生们对此积极性不高，觉得过于乏味，所以喜欢数学这一科目的同学不多。还有许多学生在学习数学的时候，遇到困难时，容易退却，从而失去了学习的积极态度，所以农村地区的数学教育效率较低。

（二）教学时的教学过程不够多元化，较为传统

由于农村地区的经济发展不高，教学用具不是很多，很多教学设备的缺失，教师多采用传统的教学方式，大部分老师从上课开始到结束一直站在讲台上讲，有时为追赶进度加快速度。学生在座位上听完之后，就开始做练习，致使学生难以发挥自我学习的能力。由于每位学生的接受能力不同，以及对数学的理解与接受能力也不一样，所以，此类教学方法有一定的限制性，缺少多元化的教学方式，不能够吸引孩子的学习兴趣。还有以老师为主、学生为次的教学方式不能发挥学生的主观能动性，使学生很难真正的掌握学习内容。

（三）教师队伍的整体素质偏低

农村教师队伍的素质偏低主要表现在：学历偏低，年龄、专业等方面的不均衡，农村老师的保障欠缺，待遇较低，导致教师生活

水平不高，流失率高。农村贫困地区的教师队伍极不平衡，这与政府和当地经济水平有着很大的关系。

三、提高数学科学课堂教学效率的对策

（一）增设上课时的情境，提高教学的兴趣

如果要提高数学的教学效率，在具体的数学教学活动中，教师应把所教授的内容与具体的生活情景联系，增设教育教学的生活情境，根据学生的周边生活，帮助学生了解到数学对现实生活的用处，使学生对数学引起重视。数学教学活动的情景创设有很多方式，比如，在进行数学教学中运用故事来展开教学，在教学过程中加入一些游戏或采用探究式的教学方式，提高学生对数学学习的兴趣和真实感。还可以在初级数学学习圆的时候，老师可以以游戏的方式，使孩子能剪、画、折等活动，引导学生发挥自主性发现圆的规律，认识到圆的特点，提高孩子对数学学习的积极性与参与性，从而提高数学课堂教学效率。

（二）积极地备课与辅导，提高分层次教学

教师在上课之前应进行充分的课前准备工作，认真学习教学大纲，解析教材，确定各个阶段的教学目标。以学生的具体情况来采取与之相适应的教学方式、多层次的教学内容。在进行日常的教学过程中，老师应多给学生增加信心，增加表扬的次数，使学生能享受学习数学的过程，从而能快乐地学习数学。花都区教育局提出的“科学课堂”，提出要预期学生的学习效果，培养学生的辩证思维能力，发展学生的创造性。

（三）问题探究式教学，对重点与难点进行突破

教师应了解教学过程的重点与难点，使学生能明白学习的重点。因此，在进行数学教学时，应多用问题探究式的教学方式，对数学教学过程中出现的重点与难点提出相应的问题，让学生自己主动思

考，增加学生的探索欲望，另外，开发学生的学习能力，使学生了解重点与难点，及时地解决重难点问题。较为重要的一点是，让学生自己体验解决重难点的过程，主动地参与进来，在活动时开发学生的思维，增加学生的思维的跳动性，把枯燥的数学题改变成活动里的具体情境，在变化中使孩子体验并能自主地解决数学难题。

四、结论

近年来，我国不断加强对数学教学方式和教育的改革，但农村数学课堂的教学现状还存在很多问题，比如课堂教学的氛围不够好、学生们的态度不够积极、教学过程比较传统、教师队伍的整体素质偏低等。数学课主要考查学生的思维能力与理解能力，因此，还需要想出提高数学科学课堂教学效率的对策，如增设上课时的情境，提高学生的兴趣，积极地备课与辅导，提高分层次教学、问题探究式教学，对重点与难点进行突破等。

本文主要列出了我国农村地区数学教育的现状与问题，并对我国农村地区构建数学科学课堂进行了研究，希望能给该领域的研究者们提供一些小小的帮助。

参考文献

[1] 余文森. 有效教学十讲 [M]. 上海：华东师范大学出版社，2009.
[2] 黄兴武. 小学数学教学方法浅析 [J]. 教育前沿，2008 (11).

教出“精”，练出“彩”

——浅谈如何指导小学生作文的审题立意

杨顺甜

“得语文者得天下，得作文者得语文，得立意者得作文”。作文是语文学习和测试中的“重头戏”。作文分数往往占卷面总分的30%～40%，作文的好坏直接关系到语文成绩的好坏。作文的立意取决于审题。审题不清，那么立意就不准；立意不准，就会出现偏题、跑题现象。如果作文写跑题了，就无法取得优秀成绩了。作文的审题至关重要。审题是写好作文的第一步，它将决定全文的构思、立意。可以说，审题到位了，头脑中的作文也就有了雏形，接下来只要将其落实到笔头即可。那么，如何指导学生正确审题?

在实际的审题训练中，不可避免地还是出现了很多离题甚远甚至令人匪夷所思的立意。但细究下来，能够从中理出学生思考问题的一些思路，发现学生审题中的一些误区。

审题就是审核题意，通过对试题进行分析和思考，理解命题意图，弄清写作内容、范围、重点、体裁，并据此进行立意、构思的思维过程。审题发生偏差，误入歧途，损失惨重；审题失误，全盘皆输。小学生作文审题的常见误区主要有：

（1）理解不当，对题目中的词语理解不准确或不全面。比如，“难忘的那一幕”很多学生习作开头是这样写的：“在我的印象中，有一件令我难忘的事……”显然不懂什么叫“一幕”；“令我感动的一件事”很多习作写成了一件难忘的事，认为感动和难忘意思一样，其实，感动的事肯定是难忘的事，但难忘的事不一定令人感动。

（2）画蛇添足，因误解或读不懂题意而离题。“难忘的一件事”习作要求只写一件事，却有审题粗心者写了两件事，更有甚者写了三四件事。

（3）舍本逐末，扣题意识不强，抓了枝叶，丢了主干，写作随意而离题。如把“我和我的妹妹”写成了“我的妹妹”。

（4）以偏概全，没有全面把握题目要求，粗心大意而偏题。如学生写“获奖之后”这个作文题目时，整篇文章只是写自己获奖的经过，而获奖之后的滋味、心情及获奖后怎么做的没写出来或一句话略过。

（5）偷梁换柱，把已定的命题偷换概念。如把“信任”写成了“诚信”。把“惊喜”写成了“欢喜”等。殊不知，中国文字的多义性不可忽视，小小的两个近义词都有区别。这就好比一人的容貌，“增之一分则嫌长，减之一分则嫌短”，一定要把握住分寸，紧紧立足于所给的材料，一是一，二是二。

审题，重在考察学生的辩证思维的能力，要求能透过现象看到本质。以上列举的误区形式不一，但本质都是在审读中出现了疏漏或偏误，导致偏题乃至跑题。在实际的教学中，教师要引导学生审清习作要求的中心内涵，理解含义，确定写作范围和重点。作文的审题必须要有全局意识，要从材料的整体着眼，不纠缠局部的细节，选准角度提取观点。

那么，如何教会学生审清题意，写出一篇切题的好文章呢？根据笔者多年的教学实践总结，从中提取的五步作文审题法：多读要求，审清题意—认真审题，审明范围限制—分解词语，确定选材范围—紧抓题眼，挖掘深刻主题—展开联想，找出内蕴意义。

一、多读要求，审清题意

多读习作材料或要求是培养作文审题能力的第一步。教师在习作教学中要做出明确的规定，如反复默读习作要求三遍、认真读仔细读、边读边想、审清题意。有些作文题，还有“要求”和“提示”等，它常常是在作文题眼外对作文的体裁、材料、字数、书写等方面提出一些具体要求的限定。这些实际上是在告诉我们怎样去写好这篇文章。可教学生认真读题，不要一看题目就动笔，在审题时要认真推敲，吃透它们，严格按要求去做。我们经常会发现，很多学生在作文审题时经常会用眼睛扫一遍，就急于动笔写作了，因为他们觉得这是司空见惯的题目了。而事实上题目并不是他们“经验”里的样子，题目的意思已经发生改变。有一次考试的作文题目为“我笑了”，部分学生一看到这个题目，真的笑了，认为很好写，就连题目下面的一段要求提示也不看，就草率写了一件高兴的事。却不知题目下面有这样一段写作提示：近年，我国实行了“两免一补”政策，同学们上学再也不交一分钱，就能在学校里愉快地学习，贫困生还能得到一些补助。这样的好事谁不开心呢？请以“我笑了”为题写一篇文章。

又如，“我的×××”这个题目，写作要求是：通过一件事，反映人物的好品质。要把事情经过写完整，写具体。如果学生不看“要求”，不按要求去写。“我的妈妈”这个题目就很可能被写成“我的铅笔盒”“我的小狗”等。即使侥幸写成了人，也难得搞清这是一人一事的写法，难得着力去反映一个人物的思想品质，也难得去完整地写好一件事。如果没能写人，没能通过一件事去写人，而是写了物，或是写了两件事，并且没能把事情的起因、经过、结果以及细节等写清楚，那么写出来的文章是不合题意的，实际上就是没有认真吃透那些要求。所以，教学生审题时，首先应该多读几遍写作提示，仔细审一审作文的要求，才可能确保万无一失。

二、认真审题，审明范围限制

审题，要教学生首先要从题目中看出作文所属的文体类型，即审清是记叙文、说明文还是应用文，像“记一次比赛”有“记”字，属记叙文；像“谈谈学好语文的重要性”里有“谈”“论”，属议论文；有“说明”“介绍”等提示词的通常就是写说明文，像“电脑简介”等。

审明作文范围限制，还包括学生一看题目就要明白用哪一种文体来写比较合适。比如，“要做一个爱国的好学生”，这个题目要求写成论说文，讲清楚为什么要爱国；“我所见到的新风尚”，要求写一篇记叙文，具体描写在社会上或者在学校里自己亲眼看见的新风尚；“怎样养鸡”要求写一篇说明文，告诉养鸡的一般常识；“启事和便条”，要求写一篇应用文，介绍启事和便条的重要性和写法。“二十年后回故乡”属于想象文，想象二十年后家乡的变化。像“夏天的晚上”“上学路上”等文题，虽然不像上面的文题对体裁有明显的提示，但也有间接提示，这就要求我们借助文题中所给的条件慎重审题。

学生在审清文章体裁之后，还要明确是写人、写事、写景，还是状物，还要明确写什么样的人和什么样的事。如“可敬的老师”“我的爸爸”一看就知道是写人的，而写人的作文又可以分类如下：写自己的，如“我”；写别人的，如“我的老师”（写一个人）、“几位好邻居”（写几个人）；写自己和别人，如“我和同桌”等。又如“令人感动的一件事”“童年趣事”，一看就知道是写事的；再如，“家乡的小溪”“美丽的田野”一看就知道是写景的。“我家的小猫”“我的文具盒”一看就知道写物的。有些题目，如“冬天的早晨”，既可以写景，对可以记事；“放学路上”既可以写上学路上发生的事，就是以记事为主，又可以通过写发生的事表现人物的思想品质，那就是以写人为主了。

三、分解词语，确定选材范围

作文题目一般都由独立的词、词组或句子构成。审题时可用分解的方法，把构成题目的每个词分解出来，弄清他们的意思，确定选材范围。如“发生在校外的一件趣事”可把词语分解为三个部分：“发生在校外的”限制了事情发生的地点；“一件”是数量词，规定了事件的多少；“趣事”规定了事件的性质。这样分析一下，文章的取材范围就十分明确了，然后再综合起来去把握文章内容的重点。很显然，这个题目的重点是在“趣”上，选材时就必须选择有趣的事来写，离开了这个重点而去选择其他的事迹来写就文不切题了。

又如，“我所经历过的一段有意义的生活”，这个题目比较复杂，也可从语法结构上进行词组分解法去分析。分解为四个方面的要求：①文章内容应以“我”为主；②要求写“所经历过它包括的”一段生活，不能单纯写感想；③要求写“一段生活”，不能只写一天或一件事；④要求写的这段生活应当是有意义的，而不是一般的、平淡的。

四、紧抓题眼，挖掘深刻主题

用分解词语的方法，确定写作范围后，还要教学生抓住文题的题眼来确定写作范围的重点。题眼，即题目中的关键词，抓住了题眼，就意味着抓住了题目的“重心”和作文内容的重点，否则作文就会偏题。如“我爱秋天”此文的题眼是“爱”，文章要抓住和突出这个重点，在写秋天美景的同时，还必须要体现为什么爱和怎样爱。如“我敬佩的一个人”，“敬佩”就是这个题目的题眼。要重点写出为什么“敬佩”。再如，“记一位勤奋工作的老师”，“勤奋工作”表达了文章的中心，它就是“题眼”，如果去写这位老师如何“生活朴素”“关心同学”的事，那就离题了。

找出题眼，紧紧抓住这个关键词，挖掘一个深刻的道理。如“一支粉笔”可以从平凡的一支“粉笔”联想到老师们的无私奉献。又如，“升国旗的时候”，它的题眼就是“升国旗”，但如果只是写升国旗的过程就没意义了。应该紧紧围绕“升国旗”来进行挖掘其深刻主题——当站在旗杆下瞻仰五星红旗徐徐上升的时候，可以联想到当年革命烈士在战火中浴血奋战的情景，表达自己对革命烈士的崇敬和怀念，懂得今天的幸福生活来之不易；也可思索我们如何努力学习，振兴中华，牢记“落后就要挨打”的道理。

五、展开联想，找出内蕴意义

审题时还有一个关键的问题，那就是要让学生打开思路、放开眼光。每一个作文题目对作文总会有一些限制，但千万不要被这些限制框住了思路、捆住了手脚。审题时既要看到题目中限制了什么，又要看到没有限制什么，从而使学生的思路既在限制的范围内，又能发现可供自由驰骋的广阔空间。审题时，老师要引导学生注意有些题目的引申义、象征意义。像我们学过的课文《金色的鱼钩》，它要写的并非鱼钩，而是象征着老班长的舍己为人、忠于革命的精神。对于这类题目审题时，不能停留在字面意思，而要通过展开联想，找出题目的内蕴意义。如“路”“梦”等，它不是让学生去介绍自然界中的各种道路和夜里熟睡时做的梦，而是要学生写出自己成长中的人生道路和梦想。

审题是写好作文的第一步，也是关键一步。就像下棋，“一步走错，满盘皆输”。而作文成绩又对语文测试成绩是否优秀起决定性作用。教会小学生作文的审题立意任重而道远，语文老师应从战略上藐视它，而在战术上重视它，教出“精”，练出“彩”，努力提高学生们作文的审题能力，使学生的写作走上一个新台阶。

参考文献

[1] 赵增启．文字材料作文的审题［N］．学知报，2011－01－10（H04）．

[2] 孙侠．作文教学的研究与实践［A］．江苏省教育学会、江苏省写作学会2006年年会论文，2006.

生生互评“导”出兴趣

杨顺甜

德国教育家第斯多惠说：“教学艺术的本质不在于传授，而在于激励、唤醒、鼓励。”评价是教育的一个重要组成部分，是实现课程目标的重要保障。课堂评价多种多样，有师评、自评、师生互评、生生互评等。课堂评价是师生之间知识的沟通与反馈，是师生间情感交流与互动的重要手段，对于激发学生学习兴趣、开启学生积极思维以及培养和保护学生创新思维等方面有着重要的作用，是素质教育主体性原则——以学生为主体的原则、发展性原则和渗透性原则的具体体现。在课堂教学评价中，学生相互之间的评价非常有必要，引导学生说出富有指导性、激励性、具有反思价值的评价语，能使生生互评的方式真正成为学生主动参与，促进学生自我反思、自我教育的教学环节。它能极大地调动学生学习的积极性，有效地促进学生自主学习，主动探索，大大提高课堂教学的效率，同时也能促进学生人格的健康发展，培养学生独立自主的个性化品质。那么，教师应如何引导学生进行课堂互相评价呢?

一、激励学生互相评价

新课程需要新的教育评价，其根本任务是促进学生的发展。教师教到什么程度，学生学到什么程度，是教师必须做出的专业判断。运用适当的方法进行评价，才能真正实现以学定教。笔者一直在尝试着开展“生生互评”式的课堂教学。实践证明，“生生互评式”评价比传统的“师评生式”评价更有利于维系和加强学生的学习热情。学生的评价语言是儿童化的、情感真切的，尽管表达不一定很准确，但贵在实事求是。同伴之间的肯定与鼓励性评价能使学生获得成就感。反之，否定或不认同的评价更能激发学生进取，向好的方向改善自己，努力使自己得到大家的认可，这是人所具有的与人亲近的需要，有利于学生学会辩证地看待自己和同伴。

《义务教育语文课程标准（2011 年版）解读》提出：“每个学段都应突出评价的重点。第一学段重在兴趣，第二阶段鼓励放胆。”赞赏是一种由衷的真情的表扬，对于主要与同伴交往中的学生而言，同伴的钦佩、赞赏、鼓励更能激发学生的学习热情，也更能给他们以成就感。而学生互评更能激发学生的评价兴趣。但是，在课堂上还有很多学生不敢表达自己的想法，更别说评价别人了，怕说错，怕被别人笑话。针对这种现象，教师首先要做的就是努力发掘学生的闪光点，注意“多表扬、多肯定、少批评”，鼓励他们大胆交流，帮助他们树立自信心，善于引导他们勇于表达自己的想法，敢于在课堂上互相评价。

二、发挥教师评价的榜样作用

在以师生互动为主的课堂教学中，面对学生的精彩回答，教师应给予发自内心的赞赏，对学生来说，这也许是他一次终生难忘的鼓励。反思我们教师自己的评价语言，不外乎“你真棒”“说得真好”“正确”“不错”“很好”这样的评价语，模糊、笼统、单一，学生听了似懂非懂。要想真正起到激励的作用，让学生学会相互评价，首先教师的评价语应多一些准确性、针对性、引导性、合理性，为学生做好榜样。比如，学生提出有价值的问题时可以这样评价：“你的问题提得很准，正是我们这节课需要解决的重要问题！”“你真会预习，问题很值得我们探讨。”“你自主学习的能力很强，课下把你的学习方法介绍给大家，可好？”学生回答不够准确时，可以这样评价：“再认真思考一下，相信会更棒！”“回答错也没有关系哦，已经努力过就是好样的！”学生回答问题准确到位时，可以这么说：“听了你的发言，老师觉得你不仅认真听讲，还能积极动脑思考，太棒了!”“你分析问题真透彻，是个聪慧的孩子!”“你学以致用，把学到的知识应用到实际中去，真了不起!”

教师评价还要起到一个示范作用。小学生喜欢模仿老师去评价别人，在耳闻目睹、潜移默化中，学生从“师评”学会了“生生互评”，这种互评方式有利于学生互相学习优点，改正不足，也可以锻炼自己的判断是非能力和口语表达能力，不断地发展和完善自己。如在朗读时，学生能对同伴的朗读做一番点评：“你读得真不错，我也想读一读。”“你读得语气很美，我要和你比一比。”“你的朗读水平进步了许多。”在评价中学生学会了朗读，学会了竞争，锻炼了自己各方面的能力，促进自己全面发展。

三、教会学生尊重他人，学会倾听

有效的倾听能有力地促进师生之间、生生之间多向、立体互动的交流。要让学生明白同学之间是合作学习的伙伴，他们的交往应该是平等的、宽松的、自由的。当别人发言时，不要轻易打断同学的发言，要学会尊重和欣赏他人。教师要指导学生在倾听过程中能保持高度集中的注意力来倾听别人的发言，通过分析与思考进而对对方的信息作出有效的评价。教师可以及时询问其他学生：“你听明白了吗？他想表达什么？”“你听懂他的意思了吗？谁来解释一下。”通过这些问题促使学生有意识地去倾听其他同学的发言，并能在理解的基础上用自己的表达方式对别人的信息做出有意义的解释。

在倾听别人发言时，教师要指导学生从总体上把握别人发言的要点和中心，领会其精神实质，便于学生对同学的信息迅速做出处理。在倾听过程中，教师不仅要引导学生理解别人的观点，还要有效地指导学生对众多发言者的回答进行对比分析，通过相互质疑、相互启发、相互补充，不断优化课堂教学。

四、教给学生正确的评价方法

（一）培养尊重个别差异的良好心态

互相评价是一种互相学习的方法。它归根到底的作用还是为了促进学习，提高成绩。每个人都有自己的学习风格，他们并非全然独立，没有人的习惯或特质一定比别人好，他们只是显示出某种差异。在合作评价时，老师要注意培养学生尊重个别差异的良好心态，评价的语气要谦逊得体，落落大方。

（二）明确自己的角色与作用

进行评价时，学生必须明确自己的角色与作用。评价者在评价之前，必须将对方的发言听清楚，根据发言内容进行思考，结合自己所学知识，选择适当措辞进行评价，然后再虚心地倾听别人的反馈意见。在进行评价时鼓励他们发表自己独特的见解；可以对问题的答案提出异议，据理力争；也可以在赞同别人的同时，说明自己的理由，补充自己的观点。

（三）进行全方位的评价

教师主张学生在课堂上能大胆地对其他同学的表现进行全方位的评价，充分发表自己的见解，让学生在争论中发现问题，解决问题，最终树立正确的观点。从另一方面来讲，正好培养了学生逻辑思维、语言智能等多方面的能力，在班级中形成友好互助的学风。

（四）教师适时引导评价

互评，学生评价语言要简洁清晰，原因要准确，解决办法要有说服力。老师要循循善诱，适时地引导学生把自己的看法与原因讲清楚，通过陈述原因清晰地展现出思维过程。如果发现学生只能说出好与不好，只会使用“好”“对”“错了”等简单的词汇进行评价，说明他还没有真正地参与到评价活动中来，这不利于促进学生的思考，更不利于引导评价的深入。教师可以适时地问一问："如果你认为好，能说说好在什么地方吗?""如果你认为不好，能说说不好的原因吗?""如果你说出了好与不好的原因，那被评价的同学就知道自己的优点和缺点，我相信他们一定会感谢你的。"在这些问句的基础上再继续听学生的表达，看他们的改变。讨论过程中教师尽量不要把自己的观点强加给学生，让学生们自由发言。

五、创设学生互相评价的氛围

为学生的互相评价创设氛围。这里的氛围包括"硬环境"和"软环境"两方面。其中，"硬环境"指校园文化氛围及布置、图书馆、书籍、宣传图片、多媒体、表扬树、学习栏等等；"软环境"指为学生树立学习榜样，推荐竞争对手，提供可取长补短的小组组合，尽力创设同学间相互交往的机会等。置身于积极、充满刺激和互相作用的环境里，教与学的双方才能够持续地、长期地、稳固地促进心智能力的发展。从教师的方面来讲，可以改变以往较为模式化的"复习—新授—练习—拓展"式的课堂教学形式，多为学生创设情境，多为学生提供表现的机会，如对话、游戏、小品等，充分调动他们参与评价的积极性。

六、保证学生充分参与合作评价

在传统教学中，往往教师高谈阔论，学生却似懂非懂。虽然教师很辛苦，但经常是事倍功半。教师应充分注意到学生发展的潜在性、主动性和差异性，在课堂上保证学生有自主表现和发展的空间，着实地为每个学生提供积极参与课堂教学的机会。学生互相评价要出成效，并非一蹴而就，必须循序渐进。笔者把自己的一些具体做法介绍一下，以抛砖引玉。

课堂教学要重视以"生"为本，笔者从学生的角度着手：①同桌互评。用一周的时间让同桌两人进行互相评价，老师加强引导，授之以法，此时，他们之间的交流都比较从容自然，评论起来慢慢也头头是道了。②四人小组互评。然后，用三周的时间让四人小组进行讨论交流，互相评价。③12 人一组互评。再用一个月的时间将这种“生生互动式”的评价推广到整个 12 人小组的交流。笔者发现 12 人一组交流的难度出乎意料地小。原来，他们常有一些小组活动，如交作业、卫生劳动等，学生之间的接触比较多，较少陌生感，加上之前有四人小组互评的锻炼，因而这个阶段只是相当于上个阶段的加强演练与适当加深。④全班互评。最后，把互相评价的面铺向全班。学生们有了前面的互相评价的经验，此时，学生主动学习的空间大了，精神活力得到了充分的释放，思想也就被激活了，因此能在轻松愉悦的学习交流中主动发言，积极互动。

总而言之，在课堂教学评价中学生相互之间的评价非常有必要，引导学生说出富有指导性、激励性、具有反思价值的评价语，能使生生互评的方式真正成为学生主动参与，促进学生自我反思、自我教育的教学环节。从而极大地调动学生学习的积极性，有效地促进学生自主学习，主动探索，大大提高课堂教学的效率，同时也能促进学生人格的健康发展，培养学生独立自主的个性化品质。

参考文献

［1］覃兵．课堂评价策略［M］．北京：北京师范大学出版社，2010.

［2］吴雪梅，郑海燕．探索新课程改革下教学评价的新形式［J］．安康师专学报，2005（4）．

［3］基础教育课程改革纲要（试行）［M］．上海：华东师范大学出版社，2001.

精细才能优化

——论提高数学课堂教学效果三步棋

邱伟雄

数学有自己的特点：首先，它是由一系列的概念、定理、法则等所组成的体系，具有较强的确定性、准确性和逻辑性；其次，它是一门集理论和实践于一体的学科；再次，其内容多、观点新、要求高。因此，在教学中，不但要求学生要能全面接受知识，还要求学生能够灵活应用知识。培养学生具有良好的学习习惯是我们的职责，同时还要注意培养学生的学习能力，尤其是培养学生的创造思维能力。身为一名数学教师必须结合教学实际，运用具体的鲜活的教学事例，向学生阐明科学的学习方法，充分发挥学生的主体作用和教师的主导作用，双向互动起来，才能有效地提高课堂效果并高质量地完成教学任务。

一、精心设计备课流程

备课流程是提高课堂效率的基础。备好课是优化课堂管理、减轻学生负担的前提和基础，是提高课堂教学效率的首要条件，因此，在备课流程管理中要求做到精心、细心并注重细节，可以从以下几点着手：

（一）优定教学目标

目标导向，制定了具体目标，学生和老师就有了奋斗的方向。在制定课堂教学目标中，教师要根据“激发兴趣、培养能力、注意效益”的原则，探索“以加强双基为前提，以培养能力为重点，以教师为主导，以学生为主体，以训练为主线”的新的课堂教学目标。教师遵循国家教委颁布的大纲和教材的知识体系和学生学习情况，借鉴布鲁姆教学目标分类理论，制定从单元到课时目标体系，将大目标分解成小目标，一直分解到每节课的具体目标，从而形成教师为实现目标而教，学生为形成目标而学的良性机制。

（二）优化教学过程

重在过程。过程的细节不能马虎，俗话说细节决定成败，必须一步一步，循序渐进。在设计教学过程中，作为教师要围绕目标，根据全班学生的实际情况、根据多数学生是中等水平的特点来确定教学起点。这样做能使“推中提优补差”的策略在课堂教学中落到实处，既能满足多数学生的需要，同时对优等生和差生也能通过准确的点拨和适当的指导，满足他们学习上的不同要求，从而向全体学生提供相对平等的学习机会。编写课时教案项目齐全，体现课题、目标、重点、难点。教学过程设计包括符合系统论原理的教学结构和达标步骤，课堂导言要能充分激发学生的求知欲和学习兴趣，方法要科学，设计课堂提问和随堂练习，要能激发学生创新思维，有助深化理解和强化记忆，课堂总结要画龙点睛，板书设计要注重科学性、直观性和艺术性等。

（三）优选教学方法

方法得当，事半功倍。方法不当，劳而无功。根据课堂教学目标和原则，要不断改进教学方法，把“教给学生学习方法，培养能力，发展智能”作为改革旧的课堂教学模式的突破口，正确处理教与学、讲与练的关系。教师要针对学生情况和教材特点，选择多种有效的教学方法，培养学生的自学能力和创造能力，师傅领进门，修行在个人。教师指导和引导，学生自思自解。比如，导读式教学和训练教学等都可以运用。

（四）优制课堂作业

优制精品作业，用实战的方法提升学生的能力。要严格控制作业量，训练求精。一是精选习题，不搞题海战术。针对学生实际水平和能力布置作业，不搞一刀切，因人而异。基础题人人都做完，较容易的口答题照顾差生，有一定难度的综合题留给优生；二是精排程序，为学习新知识作准备的题在讲前练，为掌握反馈信息的题在讲中练，为巩固新知识的题在讲后练。随着时间的推移，习题的深度不断强化，促使学生的技能不断提高。

二、全面激发学生的学习兴趣

有人说过："一个人如果失去了金钱，只是失去一点点；如果失去了毅力，你就失去了很多；如果你失去了兴趣，那么你失去的就是整个未来。"许多著名的学者和专家，他们之所以能够做出一番丰功伟绩，就在于他们对某一领域具有浓厚的兴趣；那些学习优秀的学生也是这样，正因为他们对学习各科知识都有强烈的兴趣，所以才会有废寝忘食的学习精神。由此我们说，兴趣在一个人的成长过程中意义重大。

培养和激发学生的学习兴趣可从以下几点入手：

（一）生动表述内容

教师应该具备什么样的表述能力呢？那就是把枯燥的内容以生动活泼的形式讲给学生听。现行教材中有的内容并不是学生喜闻乐见的，那么如何让学生喜欢？学生们天天在封闭的教室里学习，很辛苦很疲惫，在这种情况下，如何调动学生的积极性，让他们充满激情地去学习与思考？这些都需要我们做教师的付出极大的努力，尽最大努力使课堂教学生动活泼，只有使学生始终保持着兴奋的状态，才可能提高课堂教学效率。比如可以采取案例式教学、开放教学、研讨式教学等方法。

（二）营造良好氛围

环境和气氛直接影响学生和老师的心情。好的气氛能使教学双方心情舒畅，教学效率高。教师要善于营造宽松融洽的课堂气氛。在教学过程中，必须要建立起有效的评价激励机制，时刻注意尊重学生的人格，使学生的高见得到及时的表扬和鼓励，使学生的思维得到适时的启发，及时发现和调动学生的兴奋点，才可以使课堂气氛活跃，促使学生始终处于积极思维的状态，在有序的教学过程和良好的气氛之中提高课堂教学效率。

（三）协调教学关系

关系融洽，就会形成合力，关系紧张，力量就会分散。教师要学会正确处理师生关系。要提高课堂教学效率，就要建立起良好的师生关系和融洽的情感关系。在教学实践中，轻松愉悦的课堂气氛不仅会使教师精神焕发，还会让学生思维活跃，进而提高教学效率。如果课堂上师生关系紧张，教师没情绪，学生也没动力。实践中还有部分教师在教学中习惯于高高在上，把学生看作是被动的、学习的奴隶。课堂效果一定不会好，更谈不上教学效率。只有尊重和理解学生的心理需求，实现师生情感上的共鸣，建立起新型的、平等和谐的、友爱的师生关系，课堂教学才能实现高效率。

三、培养学生学习的科学方法

（一）教会学生预习

预则立，不预则废。预习是学习各科的有效方法之一。预习，也就是在上课前将所要学的内容提前阅读，达到熟悉内容、理解并掌握自己不懂的地方的一种方法。在这个过程中，对于新内容肯定有不理解的地方，教师应教会他们“做记号”。也就是将重点内容进行标记。比如标注有疑问的或者不懂的地方，留待课堂去研究和解决。

（二）教会学生听课

言传身教体现在听课当中。听课是教学中最为重要的一个中心环节，多数学生在“听”时不懂方法，学习效果不明显。怎样学会听好课呢？第一，要专心，在听课过程中必须专心，不要“身在教室心在外”，三心二意肯定是听不进去的。第二，抓重点，做笔记。在上课时，教师多次强调的问题就是重点，学生在听时，只是暂时的记住和理解，要想记住，必须要把知识点记下来，以便于以后复习和巩固。第三，对预习中打记号的知识点，应“认真听，多提问”，做到听懂弄清打记号的知识点。第四，积极回答教师的提问，做到先思考后回答，不要“满嘴跑火车”，不经思考而信口开河。第五，认真完成课堂练习，当堂巩固所学知识，多想多问，勤学好问。

（三）教会学生思维

良好的思维方式决定了一个人的理解水平和能力水平。思维主要以所掌握的知识为基础。

（1）分析与综合。分析，即将某一知识或某一题目进行分解，分为几个部分进行研究和讨论。综合就是将所研究和讨论的问题的各部分组合起来构成一个新的整体。分析和综合是密不可分的两种思维方法，一般是先分析后综合。

（2）归纳与演绎。归纳，即将多个有共同点的问题结合在一起，找出他们的共同点，从而得出结论的方法，类似于总结。演绎，就是将归纳出的结论（或是所学知识）运用到解题中的一种方法，只要学生掌握了这两种方法，并有效地结合起来，便能从特殊到一般，再由一般解决特殊，使学生的思维得到发展和提高。

（3）类比与联想。这是初中数学教学中较为重要的思维方法，类比，即将多个事物进行比较，找出异同的思维方法。联想，即在思考某一事物时想到相关问题的思维方法。

（4）抽象与概括。抽象，即将事物中存在的某种规律（或事物的特性）抽象出来的思维方法。概括，即将所抽象出来的规律（或事物的特性）概括起来的思维方法。

总之，教师在数学教学中要努力探索提高教学实效的途径，坚持数学教学改革，提高数学课堂教学效率，使学生在有限的时间内学到更多的文化科学知识，进而提高学生的综合素质。

参考文献

[1] 孔企平．小学儿童如何学数学 [M]．上海：华东师范大学出版社，2001.

[2] 徐丽华．小学数学课堂教学新论 [M]．杭州：浙江大学出版社，2005.

[3] 刘世斌．引领学生高效学习：名师讲述如何提高学生课堂学习效率 [M]．重庆：西南师范大学出版社，2008.

精心设计　与生共进

罗桂如

一、自编型作业

新课程标准强调："学生是学习的主人。"在语文教学的过程中，教师在把握教材的基础上，要采用多种手段超越教材，使语文教学具有开放性，给学生主动发展提供广阔的天地。教师不仅可以根据课文内容编拟出适合学生的作业，还可以引导学生主动参与到作业设计中来。

比如，在教授《日月潭》一文后，学生都为日月潭美丽神奇的自然风光所陶醉，被作者描绘日月潭所用的优美词句所折服，啧啧赞叹着日月潭的山美、水美、早晨美、中午美、傍晚美。这时，笔者说："同学们，你们愿意为这篇优美的课文设计一项作业吗?"学生们听了，都高兴地开始设计作业。

不一会儿，有的学生说："配乐朗诵。"有的学生说："仿造文中总—分—总的写法写一段话。"有的说："选择自己喜欢的句段背下来。"还有的说："为日月潭设计广告词，让中外游客都到那里观光游览。"学生自编作业，不仅激发了学生的学习兴趣，而且作业质量也很高，更重要的是活跃了学生思维，培养了学生良好的个性。

二、实践型作业

新课程标准指出："语文是实践性很强的课程，应着重培养学生的语文实践能力，而培养这种能力的主要途径也应是语文实践。"因此，设计实践型作业，让语文知识与生活实践相结合，用所学知识去解决生活中的实际问题，有利于培养学生的实践能力，增长知识。

（1）做一做，学完课文后，将所学的基础知识动手做一做，牢牢掌握本课的知识要点。如开展朗读比赛，口语交际，班级写字大比拼，古诗朗诵等。

（2）说一说，老师可以提出具有争论性的问题，如“开卷是否有益?”让学生召开辩论会，进行辩论。在辩论中逐步领悟道理，增强口语表达能力，培养语感。

（3）演一演，让学生在理解课文内容的基础上，将故事编成课本剧，如《动手做做看》《画风》，学生在编排过程中会自主感悟、发现、探究新的知识。

（4）查一查，可让学生通过网络、图书馆等多种途径查找、阅读与文本有关的文字资料图片，让学生从多角度渗透教材内容。

（5）试一试，以班级、小组为单位，组织一些社会实践活动，收集写作素材，组织读书活动，交流学习成果，听名曲、练书法，让学生接受优秀传统文化的熏陶。

（6）写一写，教师还可以结合科学、品德与生活、健康等学科的学习，让学生带着问题走向社会，走进图书馆，对本地环境进行调查访问和实际考察，并撰写调查报告。

三、创造型作业

语文教学要注重开发学生的创造才能，促进学生持续发展；语文作业设计要尊重学生的思维成果，赞赏学生的创造才能，培养学生的创新精神。创意作业由教师不定期地根据学生的特点确定主题，然后由学生围绕这一主题进行自由发挥创造，用自己喜欢的形式，多层次地表现这一主题，或想，或画，或写，超越时空，自由畅想，自由地发表自己的见解，学会多角度思考问题，从而培养学生的创新意识。

（1）改变体裁，学了《所见》后将古诗改写成几百字的短文；

（2）续写故事，学了《丑小鸭》后，让学生从《丑小鸭》的结尾接着想下去、写下去；

（3）画示意图，学了《坐井观天》一文后让学生画两张示意图，分别说明在井底观天和跳出井口看天的不同方法；

（4）直接对话，学了《浅水洼里的小鱼》后，让学生和文中的小男孩对话。

四、信息型作业

设计“七色花”作业，学生每天根据自己的喜好自由摘取一片花瓣，或阅读中外名著，或背诵古诗文，或收集名人名言、成语，或学习记录新闻，或写一篇日记，教师每周批阅一次，以便及时给予指导，每隔一周把“七色花”作业设计精彩的作业本展示在“学习园地”上，为学生提供交流的机会，实现信息资源的共享。

总之，教师在作业的设计上应大胆创新，砍掉那些机械重复、单调乏味、束缚学生手脚和头脑的过量的作业，代之以趣味盎然、灵活多样的可供学生自主选择的基础型、技能型或实践型作业。作业设计要注重激发学生的学习兴趣，拓宽学生的学习空间，从真正意义上促进学生语文综合素养的提高。

参考文献

[1] 义务教育语文课程标准：2011 年版 [M]. 北京：北京师范大学出版社，2012.

[2] 姜玮. 关于小学语文新课程评价的研究 [D]. 长春：东北师范大学，2002.

开拓低年级识字教学妙招

钟水浓

随着新课改的实施，课时量少，学生识字量剧增，对此，新课标提出了“多认少写，认写分开”的原则。其目的是让学生在新课程背景中，学生尽快地多认识一些汉字，迅速扫除读写障碍，尽快进入阅读和习作。识字教学便成了当代小学语文教学改革中的一个主要课题。

识字是阅读和写作的基础，是低年级的教学重点，也是难点。无论是“会认字”还是“会写字”的数量都有增加，尤其是“会认字”大幅度增加，给师生的教和学都带来极大的挑战。这对小学低年级的学生来说是一项艰巨的学习任务。那么，如何使学生这繁重的学习任务变成轻松而又愉快的学习活动，真正做到读准字音、认清字形、了解字意？这就需要改进课堂教学方法。这几年，笔者一直在尝试着各种不同的教学手段，通过自己的亲身实践总结出一些识字教学方法，既能够激发学生的识字兴趣，又能提高学生的识字能力，收到了很好的教学效果。

一、趣味识字法

文字是枯燥无味的，而对这样的事物，很难激发起学生的学习兴趣。如果让学生一味地被动识字，不仅识字的效率低，还在一定程度上束缚了其思维的发展。因此，我们在教学中，要积极创设丰富多彩的教学情境，营造识字教学的良好氛围，运用多种形象直观的教学手段，让汉字更加生动形象些，充分调动起儿童识字的兴趣，不断激发学生去体验识字的乐趣。比如，教学“画”字，可在黑板上边说边写：一块豆腐（口），把它切成四块（田），放在锅里去煮，然后盖上盖子。然后，让学生跟着老师有趣的示范边说边写几遍。如教学“明”字，用形象记忆法也是非常恰当的，左边画一个红红的太阳，右边画一个月牙，然后说：“太阳月亮照明大地‘明明明’。”我们也可以用手势来教学“众”字，教师边说边得意地玩弄手指，一人从（用左右手的拇指头挨在一起，组成一个“人”字），二人众（用左手的食指和中指组成一个人字，右手的食指和中指也组成一个人字），一个在前，两个跟，团结起来力量大，人多谁也不离群。从而使学生在不知不觉中将这些字深深地印在了脑海里。又如，学习“看”字，把手放在眼睛（目）上，让学生调皮地扮演孙悟空一样可以看到很远的地方。然后全班齐读：“孙悟空，手目看，看看看。”

在所学生字中，有一部分是动词。学动词时可先想一想动作，再做一做动作。如学习“跳”字，先让学生想一想青蛙在田里跳来跳去的动作，再让学生学青蛙跳，这样学生就会明白“跳”是用（足）跳，所以是足字旁。这样不但让学生记清了字形，而且弄懂了字义，学起来不费力气，学生也很踊跃。整个过程中，学生乐于识字，主动识字，达到良好的学习效果。

二、游戏识字法

《义务教育语文课程标准（2011 年版）》要求识字教学要采取灵活的方法，倡导在活动和游戏中进行。低年级学生识字学得快，忘得也快。如何解决这个难题呢？教育家卡罗琳说得好：“孩子的工作就是游戏，在游戏中激发他们的思维，是他们愿意接受的。”低年级更是喜欢游戏，因此要尽可能通过游戏、表演等活动，寓教于乐，让学生真正喜欢汉字，对汉字产生浓厚的兴趣。在课堂中，教师巧妙利用游戏，创设丰富多彩的教学情境，把游戏和识字有机地结合起来，激发学生的识字兴趣，缓解识字压力，使学生乐意学、喜欢学，在轻松的气氛中较好地掌握字形、读音，并牢牢地记在脑子里。

在巩固生字教学时，我们不妨采用“小小邮递员”这个有趣的游戏，请一学生当邮递员，把生字卡片当成信送到同学的手中。其他小朋友一起拍手唱儿歌：“丁零零，丁零零，邮递员来送信。不怕风，不怕雨，一心一意为人民。”送完信后，请拿到信的小朋友上台来领读，并分析字形。此时，全班几十双眼睛都会聚精会神地瞪着生字卡片，认真地读起“信”来，再一次很好地巩固生字。

猜字谜是学生们喜欢玩的一个游戏。如：教学“花”字，我们可以这样猜：“七人头上长了草。”教学“告”字，可以这样说：“一口咬掉牛尾巴。”也可以请一个学生做个动作，请大家猜字。我们还可以玩一些跟生字宝宝捉迷藏、走迷宫读等游戏。低年级识字教学过程中，教师们就要根据低年级学生喜欢玩游戏这一心理特点，激发他们的学习兴趣，适时地、有选择地运用各种游戏，为学生创设愉快的学习氛围，使识字教学步入“教师易教、学生乐学”的理想境界。

三、生活中识字法

学习只要和生活联系起来，才具有真正的价值。在丰富多彩的生活中，汉字到处都有，随处出现，因此，我们要重视书本知识和生活实践的结合，开展多渠道、全方位的社会化识字教学活动，使学生树立“生活即是识字时”的观念。

新课程下的教材篇幅短，课时也较少，而识字量大，个别字再现的概率又少，假如让学生死记硬背生字，难免会事倍功半，学生还会出现厌学的情形。新课标明确指出：“识字教学提倡在情境中识字，在生活中识字，利用儿童已有的经验，用自己喜欢的方式识字。”所以，我们应有意识地引导学生在生活中识字，让汉字与孩子的生活“更贴近”些。像让学生将自己的作业本上的名字都标上拼音，让学生轮流发本子，扩大识字量。又如，在教学《在家里》这一课时，让学生回家后，把家里的物品都贴上标签，从而加深了对“电视”“电话”“沙发”“报纸”等词语的认识。我们还可以利用与小学生生活密切相关的电视、广告、招牌以及商标等为媒体，引导儿童识字。如学了“肯”字后，引导学生思考：在什么地方见到过？学生一下子想起来这是“肯德基”的“肯”。这样的例子还有很多，如“园”是“人民公园”的“园”，“鼠”是“米老鼠”的“鼠”。学生还可以在逛商店、坐车、吃东西等活动中识字。这种学习方式不仅提高了学生的识字量，还能发展学生的观察能力，让他们明白“时时处处皆语文”，从而学会在生活中学语文。这样的教学，正体现了新课标指出的“教师要引导学生在生活中做识字的有心人”的理念。

四、自主识字法

《义务教育语文课程标准（2011 年版）》指出，“识字教学要将儿童熟识的语言因素作为主要材料，同时充分利用儿童的生活经验，注重教给学生识字的方法，力求识用结合。运用多种形象直观的教学手段，创设丰富多彩的教学情境”。

教材中的每个语文园地，都会教给学生一个识字方法。在教学中，我们就要好好地利用这个板块，让学生认真观察每个汉字的构造，总结一些识字方法。如熟字“加偏旁”“去偏旁”“换偏旁”“拆部件”等。让学生在学习中自主探索，自己去发现问题，获取知识，这样学生的收获才扎实牢固，而且可以从中探索汉字的构字规律。

在实施课改的过程中，只要我们敢于实践、敢于创新，创造出丰富多彩的识字教学模式，就会使学生兴致盎然地学，使识字由繁重变为轻松、由枯燥变为有趣，学生的识字便会呈现百花齐放的喜人景象。

让耳朵乘着音乐的翅膀飞翔

——浅谈农村小学音乐课堂的有效聆听

刘静静

新课程改革标准指出："音乐教育以审美为核心，主要作用于人的情感世界。"音乐课作为听觉学科，聆听是非常重要的。"聆听"既是一种良好的音乐学习习惯，一种尊重的态度，也是提高学生审美艺术形成的必经之路。而在农村素质教育较为落后的现状下，培养学生有效聆听，是音乐课堂的重要前提。

一、农村小学音乐课堂的现状

目前，很多学校的音乐课堂情况并不理想，农村小学的问题更为突出，由于农村学校的特性，家长、学校对音乐课的不重视，音乐课长期被其他主科占用，学生的音乐课时有时无，音乐课的课程设置远远达不到标准，音乐专职教师严重缺乏，有部分学生甚至将音乐课当作紧张学习的消极放松，对学习音乐的兴趣不够浓厚、听觉敏感性不强、缺乏对音乐的情感体验等。认为音乐课没有压力，上音乐课时随随便便就可以蒙混过关。这些都导致了学生在音乐课中难以提高音乐修养、没有了陶冶情操的艺术气氛。

二、培养聆听习惯的重要性

小学生思维活跃，具有活泼好动、热情自信和模仿力强的特点，但是他们自制力差，注意力持续时间短，聆听时容易失去耐性。作为音乐教师，我常常都有这样的感受——当课堂中需要他们聆听音乐时，过不了多久，好动的他们就会“讲话”，搞小动作。如在一节二年级的音乐欣赏课《狮王进行曲》的教学中，当学生一听到狮子吼叫的音乐时，马上就本能地动起来，有的拍手，有的踏脚，还有的直接模仿狮子的声音大叫了起来，渐渐地，部分好动的男生兴奋地站起来和旁边同学打闹、嬉笑，引得课堂乱成一片，音乐声很快就被“淹没”了。这时候，如果让学生们静下来又打断了音乐的完整性，任由他们去释放个性，又把本来的课堂弄得乱糟糟，学生静心聆听的习惯便不能养成。

聆听，对于音乐教学来说确实是一个永恒的主题，学生对音乐的学习、认识，只能凭借音乐音响这个课题，在对它的欣赏中进行和实现。因此，聆听既是学生学习音乐的起点，又是学生学习音乐的动力和重要手段。可以说，聆听是音乐活动的出发点和归宿，更是音乐教育的终极目标。音乐的音响只是一种客观的形式，如果没有审美主题去聆听、接受，也就失去了它的意义。然而，聆听直接决定了学生审美能力的发展，所以教师必须用有效的教学方法，引导学生有效地聆听音乐，使之养成习惯，提升学生鉴赏审美能力。

三、农村小学如何培养有效的聆听

如何有效的聆听，就是通过以聆听音乐、表现音乐和创造音乐为主的审美活动，使学生充分体验蕴含于音乐音响形式中的美和丰富的感情，为音乐所表达的真、善、美的理想境界所吸引、所陶醉，产生强烈的情感共鸣，使音乐艺术净化心灵、陶冶情操、启迪智慧、情智互补的作用和功能得到有效的发挥。开展有效聆听有利于农村小学学生整体音乐素养的提高。在具体操作中还应注意以下两个方面：

（一）创造良好的环境，激发学生聆听的兴趣

孔子曾说：“知之者，不如好知者；好知者，不如乐知者。”想要让学生乐于聆听，养成聆听音乐的好习惯，必须让学生对所学的

东西产生兴趣，让学生自主地学习、主动地聆听。教师在教学的各个环节中渗透有效聆听，让学生在音乐的海洋里如鱼得水般畅快欣喜，让音乐随风潜入夜、润物细无声般地融入孩子的血液里，从而有效地提高他们聆听音乐、感受音乐、理解音乐、表现音乐的能力。音乐是情感的艺术，注重聆听，感受音乐，是音乐审美的一个前提。享受音乐就必须有一种美的氛围，因此，想让学生通过听觉来初步感受美，培养审美感知，教师创设音乐情境至关重要。因此，在教学中，要有的放矢地设计教学情境，让学生走进音乐，感受和欣赏音乐。每个小学生都有着好奇的天性，对一切新鲜的、有趣的、美妙的事物他们都有着探索的热情。因此，聆听教学中的创设聆听——“导入”十分重要，它能紧紧抓住学生的心，吸引学生主动参与到音乐活动中来，有效地导入也是指导学生理解、感受音乐的前提。导入的方法有很多种，不同音乐有着不同的艺术形象，故要采取不同的导入方法，以激起学生聆听音乐的期待心理。

如在学习《大海》一课时，笔者在黑板上画上碧波荡漾的大海，贴上海的图片，四周放一些漂亮的贝壳等，让学生听着海浪的声音走入教室，给学生一种身临其境的感觉，大大激发了学生的学习兴趣。在学唱歌曲的时候，因为认真聆听，学生学得很快。

（二）明确倾听的目标，丰富倾听的内容

1. 利用音乐各要素，有针对性地聆听

聆听教学要体现梯度性，要有针对性，不然学生听完一遍也不知道听了什么，聆听要求循序渐进、由浅入深、由易到难，遵循学生身心发展的规律与特点，体现学生在聆听中的进步。特别是农村学校的孩子，从小接触音乐较少，更需要教师对他们加以培养。但课堂教学不能仅限于简单聆听、乏味讲解等，这远远不能满足学生日益发展的审美情感需求，而要通过对构成音乐基本要素（旋律、节奏、速度、力度、音色等）的剖析、分解、比较，最大限度地挖掘出音乐情感的内在因素，从而提高学生的审美、鉴赏能力，这些也需要教师具备扎实的基本功。音乐要素是音乐的表现手段，有效

聆听是作为审美感知和审美发现的一个过程。通过音乐要素来体验音乐、理解音乐是音乐教学中的重要环节，因为音乐的审美就是通过音乐要素完美地体验出来的。在音乐中找答案，在答案中去感知，在感知中去探索，从而增强学生对音乐作品的感受和理解。在欣赏乐曲之后，笔者往往会让学生谈谈该音乐的基本情绪和初步印象是什么。如在欣赏《动物世界》一课时，让学生先听听乐曲是由哪几种乐器组成的？各种乐器的音色如何？给大家营造了什么样的气氛？通过带着问题聆听，学生对音乐的掌握就会有所加强。

在学唱歌曲时，要想达到事半功倍的效果，教师就必须加强学生对音乐有效聆听的训练。因此，重视学唱前的聆听在音乐教学中尤为重要，这个阶段可以是教师范唱，也可以是听音响。但目的都是使学生熟悉新歌旋律，并对之产生初步的情感体验。这时的聆听，可根据歌曲难易程度及学生的接受水平来决定聆听的次数，让学生在教师的引领下多方位、有目的地聆听，不能单纯地重复播放，每一次聆听都要逐步提高要求，而且目的要非常明确，分层聆听，教师设计难度依次提升，这样才能真正地体现出有效的聆听。

笔者在教授《勇敢的鄂伦春》一课中，首先给学生讲述了鄂伦春族的一些生活习性，以及他们勇敢的个性，然后让学生去聆听歌曲的歌词、节奏特点，分享音乐旋律带给自己的感受。并且让学生在聆听的过程中，找出自己感受最深的旋律进行学习，这样学生学唱歌曲就容易多了。

2. 利用音乐音响，让学生聆听伴奏

伴奏音乐（包括前奏、间奏和伴奏），以及合唱中的钢琴伴奏，都是演绎音乐作品重要的组成部分。在学唱歌曲时，教师要培养学生的旋律感和歌唱情绪，就必须让学生学会听伴奏音乐。这时，有些老师就会采取最容易解决问题的方法，那就是说：“预备——起！”在过去的教学中，笔者也曾犯过相同的错误，教师应该唤起学生本身对伴奏的关注，而不是让学生完全依赖老师。在这个时候，教师不妨少说几次“预备——起！”让学生用自己的耳朵感受前奏和间奏并配合其节奏速度开始演唱，而在演唱的过程中，也应该引导学生学会倾听伴奏音乐的速度，并学会配合。

作为农村学校的合唱团，我校学生的先天条件非常好，朴实又具有可塑性，音色超乎寻常地干净和通透，原以为这近乎天籁之音。可惜唱到后来的时候，学生完全把钢琴的声音忽略了，各唱各的调，音乐的音准、节奏，完全乱套了，好好的作品就这样葬送了。这些问题，如果在音乐课堂上，在学生歌唱的过程中加以解决，就不会造成遗憾了。教师应该强化学生聆听的能力训练，加强节奏、和声的训练，注重相互聆听，听教师的范唱、钢琴的旋律还有同学的声音，增强学生听觉感应力。让学生在唱中听、唱中想、唱中练，从而区分正确和错误的演唱。这样不仅可以让学生加深对旋律的印象，还可以让学生更专心地聆听，关注其他声部的声音，把握好乐曲的节奏、曲调。在遇到难点范唱时，教师对比范唱给学生听。让学生在聆听比较的过程中，掌握乐曲。

3. 把耳朵叫醒，让耳朵插上翅膀

音乐来源于生活，创造于生活。作为农村的学生，我们的身边并不缺乏音乐，也不缺乏美，但我们缺乏的是让学生主动地在生活中感受美，以音乐为主线，用聆听到的东西，去感受音乐，能够凭借生活积累音乐元素，凭借音乐表现生活内涵。这是音乐教学的境界，也是音乐教学的追求。因此，要拓展学生音乐的教学天地，拓宽音乐学习的渠道，让学生用敏锐的眼睛去欣赏生活中的音乐画面，以灵通的耳朵去寻找去聆听生活中音乐的声音。学生自然而然地走进音乐，自己去探索，自己去领悟，感受到音乐原来就在自己身边。从而实现以音乐审美为中心的价值所在。

总之，培养学生有效聆听的习惯和能力是音乐教学的重要任务，也是一个必须长期努力的循序渐进的过程。在日常的音乐教学中，教师要深入挖掘出音乐歌曲中内在的思想情感和教育因素，充分发挥音乐的情感作用，引导学生自己去聆听音乐，感受音乐，学会鉴赏音乐，以音乐去陶冶学生的性情，提高审美趣味，让学生们一个个健康快乐地成长。

作为一名小学的农村音乐教师，不光要有细心，更要有恒心。

"以美育人"，用音乐特有的方式向学生传达美的信心，替他们在美妙的音乐中架桥铺路，只要教师能持之以恒、坚持不懈，学生一定会养成良好的聆听习惯和能力。

参考文献

[1] 义务教育音乐课程标准：2011 年版 [M]. 北京：北京师范大学出版社，2012.

[2] 中华人民共和国教育部. 艺术课程标准 [M]. 北京：北京师范大学出版社，2010.

[3] 教育部基础教育课程教材专家工作委员会. 义务教育音乐课程标准（2011 年版）解读 [M]. 北京：北京师范大学出版社，2012.

[4] 蔡静. 让学生学会聆听 [J]. 中小学音乐教育，2011（2）.

妙笔生画，为课堂锦上添花

——浅谈巧用简笔画优化语文课堂教学

罗银友

小学低年级学生的思维特点是以具体形象思维为主，他们的抽象思维需要在感性教材的支持下才能进行。学习主要是靠形象思维和形象记忆，而简笔画言简意赅，形象生动，内蕴丰富，给人以极大的想象空间。低年级学生对图画有浓厚的兴趣，生动有趣的画面能让学生产生神秘感，简笔画与教学内容的有机结合正好适应了学生的心理特征和审美情趣，故而备受学生欢迎。因此，在语文课堂教学中合理运用简笔画，很有必要。

一、简笔画能激发学生的学习兴趣

皮亚杰曾说："一切有成效的工作必须以兴趣为先决条件。"可见，兴趣是最好的老师，是一种积极的内驱动力。激发学生学习的积极性、思维能力、想象能力的培养方式很多，而不用花费多少精力的简笔画，则是最实际、最有效、最有趣的教学手段之一。

（一）在导入新课中激趣

教学《秋天的图画》，在导入课题时，笔者先在黑板上简笔画出一片金黄色稻田，问："这是什么季节？"学生回答："秋天。"接着，画上几棵结满果子的果树；排成"人"字形的大雁……学生都被这美丽的图画深深地吸引住了。板书课题后，再激趣："秋天真美啊！你们想去看一看吗？想去感受大自然的乐趣吗？"让学生带着浓厚的兴趣，进入学习的情境中，主动探讨课文是怎么样描写秋天的美丽景象，收到良好的学习效果。

又如，学习《酸的和甜的》，笔者先在黑板上几笔勾画出一串串葡萄，提问："你们看，这是什么呀?"学生欢呼："葡萄。""你们吃过葡萄吗？是什么味道的?"学生们争先恐后地抢着回答："有酸的，有甜的……"根据学生的回答，板书课文题目，紧接着问："你们想知道课文中的葡萄到底是酸的还是甜的吗?"学生齐答："想。"让学生带着好奇的心情积极投入到学习中，乐于寻求答案。

（二）在认定目标中激趣

在教学中，运用简笔画辅助认定目标，既充分发挥了目标的导向作用，又能引起学生的注意，激发学生的学习兴趣。

如确定《黄山奇石》的目标时，笔者结合课文内容，在黑板上画"仙桃石""猴子观海""仙人指路"，再写上目标内容，把课文内容形象化，有利于学生理解石头的奇形怪状。

如《我要的是葫芦》分步确定目标时，笔者先板书两幅不同的葫芦图，再写上目标内容，让学生观察，借助生动形象的图画，发现不同之处：第一幅中细长的葫芦藤上长满了绿叶，开了几朵雪白的小花，藤上挂了几个小葫芦；第二幅中小葫芦慢慢地变黄了，一个一个都落了。弄清小葫芦的前后变化及其结果之后，引导学生思考：可爱的小葫芦后来为什么都落了呢？为什么叶子上生了蚜虫，小葫芦就会落？想想叶子有什么作用？那个人为什么不治叶子上的虫呢？引导学生抓住"怕什么、盯、快治一治、还用治"等词语，结合生活实际说说虫子、叶子、果实之间的关系，领会做任何事都得注意事物之间的联系，运用图画辅助学习，取得非常好的学习效果。

二、在课文教学中，帮助学生理清课文脉络

如教授《风娃娃》时，为了让学生从整体上快速地理解课文内容、重点，懂得道理。在初读课文后提问："课文中的风娃娃是怎么

样的呢？风娃娃做了哪几件事？哪些做得好？哪些做得不好？”根据学生的回答，笔者一边画图，一边提出质疑，及时鼓励。运用简笔画直接把课文内容重点显示出来，让学生观察板画，展开讨论，并结合实际生活中遇到风娃娃的情况，说说自己的感受。这样，风娃娃的表现给学生留下深刻的影响，直观形象地把学生带入情境中，让学生深刻地理清了课文的脉络，懂得做人的道理。

三、在达标教学中，加强教育的形象性，突破重点，攻破难点

低年级学生对视觉艺术很敏感，教师把重点用简笔画勾画出来，让学生直观观察，比文字板书的教学方法更有效果。把抽象的道理化为简明的图画，学生更易于理解。

如《坐井观天》是一则寓言故事，为了帮助学生了解青蛙和小鸟所处的不同位置，笔者利用简笔画来教学、引导。提问：为什么青蛙看见的天只有井口那么大？小鸟在天上飞得累了，落在哪里跟青蛙说话呢？结合填空题：青蛙坐在（　），看见天只有（　）那么大，小鸟落在（　）。进行板画，帮助学生理解“井底”“井口”“井沿”的具体方位。

四、在识字教学中，能丰富想象力，培养学生的识字能力

爱因斯坦说过：“想象力比知识更重要，而想象力概括着世界的一切，推动着进步，并且是知识进步的源泉。”在识字教学中，笔者充分利用学生对图画浓厚的特点，不失时机地让学生发挥自己的想象，给学生配上图画。

如“采、休、林、从”等，从文字到图画，从抽象到形象具体，把文字与图画巧妙地联系起来，丰富了学生的想象力，激发了学生

对生字的学习兴趣，培养了学生的识字能力，有效地提高学习效率。

在语文课堂教学实践中，教师根据教材内容，并结合学生年龄、心理结构特点的实际情况，在几秒钟内寥寥几笔就能生动、形象、具体地画出精彩、易懂的简笔画，不但可以体现教师自身的修养，而且运用简笔画起着激趣、解难、画龙点睛等重要作用。

浅谈品德与生活课的有效教学

高素娟

品德与生活作为小学阶段专门开设的一门德育课程，培养小学生良好的品德是评价其课堂有效性的主要标准。那我们在品德与生活课堂上应如何促进学生的有效学习呢？通过教学实践，笔者认为可从以下几个方面入手。

一、尊重学生，体现课程的主体性

品德与生活课程强调以学生生活为基础，让他们在自身的活动中获得经验，在对自己已有生活经验的体验与反思中形成正确的生活态度，养成文明的行为习惯，构建优良的品德。发挥学生的主体性是关系教育效果的首要问题。

（一）让学生主动参与教学过程

在教学中，教师必须建立平等、尊重、共同配合的师生关系，让学生主动地参与课前准备活动、课堂教学活动、课后延伸教育活动。只有使学生积极投入教学全过程，成为受教育的主体，才能使品德教育转化为自我教育，使其内化成学生自我的道德品质。

（二）让学生自主评价

小学生有了一定的认知基础，就能对事物作初步的分析、推理、判断和评价。教学中，应该让所有学生参与评价，通过自我评价、相互评价，共同提高道德判断和道德评价能力，增强道德规范自我约束力。

（三）让学生自主体验

良好品德心理和品德行为的形成，光靠个人经验不行，还必须使学生集体获得经验。在教学中，应该让全体学生动脑、动口、动手参与情感体验、行为体验，获得体会，从而丰富和加强内心体验。

（四）让每个学生都得到发展

思想品德教学要面向全体学生，尤其要多关心后进生，注意调动他们的积极性，善于发现他们的优点。如让他们多一点发言机会，多一些活动机会，对他们的点滴进步多加肯定与鼓励，对他们的不足之处多加热情帮助。只有这样，才能让每个学生都能在原有基础上得到发展。

（五）发挥学生榜样的作用

学生中的优秀典型是学生最熟悉的榜样，是全体学生观察分析良好行为的活榜样。思想品德课教学要联系教学内容，发挥学生活榜样的教育作用，引导学生分析身边的活榜样。除了要联系典型活榜样，还要善于发现每个学生身上的良好品德，让学生感受到：人人都有好榜样，处处都有活榜样。

二、精选方法，实现教学的有效性

小学思想品德课是实施小学德育的主渠道，对引导学生从小逐步形成良好的思想品德和文明行为习惯起着奠基作用。下面笔者就自己在小学思想品德课教学中应用的教学方法谈一些体会。

（一）注意新课导入，激发学习兴趣

一节课能否吸引学生的注意力并调动学生学好这节课的积极性，关键在于能否开好头。由于小学生的思维主要是以形象思维为主，因此，应以不同的方式，从不同的角度导入新课。如教《做诚实的

好孩子》一课时，笔者了解到一部分的学生经常说谎，老师布置作业，回家对父母说在学校做了，而到了学校却说忘了带，放在家里了。针对这情况，笔者设计了这样的问题让学生讨论："一个叫东东的小朋友，比较懒，又贪玩，每天回到家里，爸爸妈妈叫他做作业，他骗爸妈说在学校做完了；而到了学校，老师要检查作业了，他却说放在家里了，东东这样做对吗？为什么？他应该怎样做，才是一个诚实的孩子呢？"这些问题来源于学生的生活实际，让学生带着这些问题学习、讨论，学生情绪高涨，纷纷发表自己的看法。通过讨论、辩论，学生兴致盎然，在愉悦的心境中主动探索求知，明白了道理。

（二）拓展课堂教学思路，在交流、沟通、行动中明理

新课程倡导学生的主动参与，强调寓教育于活动之中。教师应努力走进生活，贴近学生，创设开放、互动、活泼的教学情景，营造自由、民主、愉悦的课堂气氛，把教学的需求转化为学生的需求。在让学生学习、明白道理时，不是简单地说教，而是要贴近学生的话题展开，再让学生通过看书、同桌讨论、小组表演等体验性、探究性的学习，让他们在课堂实践中自己悟出道理。教材给师生提供了一个广阔的发展空间，使学生在教学中能保持积极的心态，参加学习活动，愿意自己发现问题、解决问题，并在合作学习的过程中，互相鼓励、互相学习。同时，老师适时地给予学生一些方法上的指导，帮助学生解决现实生活中的问题，从而获得良好的教学效果。

教学中，教师始终做到"心中有学生，心中有主体"，尊重学生、信任学生，把学习的主动权还给学生，使学生敢于大胆发言，敢于自由争辩。如学生可以在校园捉蝴蝶、放风筝，感受春天的气息；可以到菜地里亲自采摘西红柿，触摸绿色蔬菜，了解春天蔬菜的基本常识；可以以小记者的身份采访身边的同学并进行"怎样制止学生说脏话"课题的探讨。由此，研究的内容和问题、形式层出不穷，如：垃圾如何分类与处理？室内装修材料探密？学生都有探究的自由。从而将"生活化的课堂""课堂中的生活"融为一体，学生学得主动、学得自然、学得快乐，真正成为认识的主体，学习的主人！

（三）结合生活实际，引导学生形成正确的行为

在教学中，要结合实际激发学生的行为动机，就必须讲究“导”的方法，只有引导得法，才能提高学生的认识水平和道德辨析能力，培养学生的道德情感，养成言行一致的高尚品德和良好的行为习惯。

1. 贴近生活导行

品德与生活课最经常、最广泛地出现在学生的日常生活与学习中，所以教师进行行为指导时，所举的事例要紧贴学生的生活实际，择其典型事例进行辨析讨论。如《保护水，节约水》一课，要告诉学生水的多种用途及其重要性，要求学生从小养成保护水资源、节约用水的好习惯，还可以让学生分组讨论在平时谁最节约用水？谁最不节约用水？今后应怎样做？

2. 利用习题导行

这门课的课后思考题具有很强的针对性，要充分利用它指导学生的行为。如《我爱我的身体》这课，课后通过出示一些情境题让学生运用已学的知识进行判断，不仅要求学生知其然，还要知其所以然，以引导学生由“他动”变为“自动”行为。在学生各自讲出自己处理的办法后，教师应及时予以点评，好中选优，使学生明白其中的道理。

3. 课外延伸导行

教师在进行教学活动中，应尽量把学生的目光引到课本以外的、无边无际的知识世界中去，从而引导儿童热爱生活、学会做人，把道德寓于儿童的生活中，使良好的品德在儿童的生活过程中形成。如《粮食来得真不容易》一课，组织学生到农田里亲自体验农民种田的辛苦，体会粮食的来之不易，从而培养学生形成爱惜粮食的好习惯。

三、巧用评价，提高德育的实效性

儿童良好行为习惯的养成及良好品格的形成必须遵循特有的规律，即通过管束、训导和陶冶，使儿童逐步从“无律”“他律”过渡到“自律”的道德水平。而切实有效的教学评价，既能使儿童对自己的行为不断反思、调节和总结，更加客观、全面地认识自己，又能促使儿童把道德规范视为自身的一种自觉的义务。因此，在品德与生活课的教学中，要巧用评价，倡导评价主体多元、评价项目多种、评价尺度多样；既重视过程评价，又重视全程评价，以实现评价的最大效益，切实提高教育实效，促进儿童的可持续性发展。

（一）多元化评价，改进自我、完善自我

《义务教育品德与生活课程标准（2011 年版）》中强调，评价者可以是教师，可以是学生个体或学生小组，也可以是家长或其他人员，改变了单一评价主体的现状。因此，教学中可以加强自评、互评、小组评，使评价成为教师、管理者、家长共同积极参与的交互活动。从教师评价到儿童自我评价是一个质的飞跃，培养了儿童的自评能力。不仅有利于培养儿童学习的创造性、独立性和自主性，也有利于发展儿童评价自我和接受他人评价的能力，有针对性地做出自我改进，进一步完善自我。如教授《下课了，放学啦》一课中放学了你回家做些什么这一环节时，笔者先让儿童在组内交流、讨论、评价，再全班交流、讨论、评价，进而使儿童达成共识：放学后应先愉快地学习，再高兴地玩耍，并同时做些力所能及的家务劳动。这实现了评价过程中主体间的双向选择、沟通和协商，使评价主体互动化，并促使学生自觉地内省与反思，认真总结自己的前期行为，思考今后的行为发展，同时逐步培养了学生反思与总结的习惯，使学生在评价过程中不断地改变自我，接受新我，完善自我。

（二）多尺度评价，激励持续性发展

传统的教学评价以统一的标准衡量儿童的好坏。俗话说："十个手指伸出来，有长有短，有粗有细。"更何况是具有丰富个性的儿童呢？因此，在品德与生活课的教学评价中，应体现以人为本的思想，关注个体的处境和需要，尊重和体现个体的差异，激发个体的主体精神，多尺度地评价儿童，千方百计地提携每位儿童，促使其原有的、一定的发展定势继续朝着有利的方向发展，从而使每位儿童获得持续性发展。如教授《手拉手，交朋友》一课中学做名片、交换名片这一环节时，笔者引导儿童用多种方式制作自己的名片，可以画，可以写，也可以用照片剪贴等。在展示交流名片时，不以名片做得精致、美观为评价标准，而注重其实实在在的内容，以及其付出的主观努力程度，即使没有达到预期的名片效果也不要紧，只要儿童能通过名片使对方了解自我并达到交朋友的目的，都予以肯定，同时还树立、推崇典型、有创意的名片。这样，既不打消儿童的积极性又使他们学有榜样，同时还使儿童获得了可持续性发展的动力，促使儿童在原有水平上的持续发展。

（三）多角度评价，培植创新品质

一百个儿童就是一百个世界，一百种个性。各个个性主体都潜隐着活生生的独特的人格。如个人的兴趣、爱好、特长与潜能等。而创新品质也具有难以替代的个性心理潜质。因此，在教学中要考虑儿童生动活泼的个性、复杂性、丰富性，随时采取差异政策，尽可能腾出"个性展示"时空，随时收集儿童的各种作品，以及来自教师、同学、家庭等各方面的信息，并为儿童五光十色的个性世界倾注真心评价。这样，个性雕琢和创新培植也能呈现出可贵的人文精神，并促进儿童进一步客观、全面地认识自我、改进自我、激励自我奋发向前。如教授《学习真有趣》一课中"露一手"这一环节时，每位儿童都争着表现、炫耀自己的长处，气氛十分热烈，就在大家争相上台表演时，有位"五音不全"的同学居然登台说："我

唱歌不好听，但我想试一试。”在许多人看来可能是件尴尬的事，然而我们应为他鼓掌，为他那勇敢坦诚的真情流露而喝彩。相信长此以往，将会激发个体的主体精神、创新精神，为个体的终身发展打下基础。

总之，要想真正教好品德与生活这门课程，教师就应该多想方法，不断创新，在探索中求进步、促发展，对儿童的生活，对他们的行为规范、道德观念、思想品德等各方面有所启发，使儿童在生活过程中形成良好的品德。如此，我们的教学便能收到实效。

把美的情境带进语文课堂

——浅谈在语文教学中如何培养小学生的审美情趣

高素娟

苏霍姆林斯基曾说："教育，如果没有美，没有艺术，那是不可思议的。"美学在实施素质教育中具有不可替代的地位和作用。新课标的一个重要理念即是："小学语文课程应重视提高学生的品德修养和审美情趣，使他们逐步形成良好的个性和健全的人格，促进德、智、体、美的和谐发展。"那么，在小学语文教学中，我们应该如何做好美学指导，做好美的使者呢？平时的教学实践中，笔者尝试从以下几方面展开：

一、语言渗透，是培养小学生审美情趣的心灵鸡汤

艺术美来源于现实美，又高于现实生活。生活中的现象、事物一旦被艺术地物态后，就已不同于自然本身了。艺术比生活更集中、更概括、更典型，更具有审美价值。教学中，教师要用心琢磨和恰当运用教学语言。

（一）教学语言是教师给学生传授知识的最重要工具

著名的教育家斯霞曾指出："对于教师来说，他的语言恰似一面镜子，通过它，可以看出教师思维的逻辑性、感情的丰富性、知识的广阔性、认识的深刻性、表达的艺术性以及反映问题的敏捷性。"可以想象，教师语言缺乏美感，学生就会感到枯燥乏味；教师语言深奥，学生就难以接受和理解。

1. 用活语言揭示艺术美

一位好的语文老师，语言应具有强烈的艺术感染力，在课堂上老师犹如一位演员。仪表要端庄，语言诗意化，幽默风趣。精神激励的语言，如“你真棒!”“你说得很精彩!”“你观察得真细致!”等会激活学生的学习情绪，营造“在激励中学习，在激励中成长”的教育环境，调动不同程度的学生奋发向上的自觉性、积极性和主动性。“赞美犹如阳光”，赞美的语言每时每刻都在寻求打开学生心灵大门的钥匙，这种神秘的钥匙就是老师。赞美才能有动情的教育，使学生得到激励，产生奋发向上的力量。

2. 创设情境鉴赏语言文字美

文章不是无情物，大部分课文的情感是十分丰富的。但如果教师不能身临其境，进入角色，只作为旁观者做一般的叙述，学生是不能很好地受到美的感染的。为此，教师可通过设计意境、制造气氛、表情范读、看图描述、配乐朗读的多种艺术手段，以情动情，使语文教学达到一个更完美的境界。如教授《荷花》一课时，可创设情境，学生随着轻柔的音乐来到“荷花池边”。通过画面的展示，再加上生动的配乐朗诵，把学生带到课文所描写的意境中，一朵朵婀娜多姿的荷花便跃然纸上。

（二）用浅显语言展示艺术美

创造生动活泼的课堂，让学生愉快地学习，有利于学生享受属于自己的成长空间。课堂上过于深奥的语言、成人化的方式，会使学生厌倦。诚然，教师必须使语言生动化。“善教育者必善喻”，即用比喻、故事、寓言等感性方式把深奥的道理浅显化地表达出来。化抽象为具象，辅之以实物，如多媒体。只有这样，才能使语言文字中蕴含的思想性和情感性自然地与学生交融，才能焕发课堂的生命力。

二、激发兴趣，是培养小学生审美情趣的有效途径

“兴趣是最好的老师。”正如孔子所说：“知之者不如好之者，好之者不如乐之者。”只有兴趣才会使学生产生无穷的热情。在教学中教师要学会适时地进行兴趣的激发和积极情绪的调动，以使每位学生都能被深深吸引，促使他们兴趣盎然地探究学习。

（一）利用多媒体激发审美兴趣

在教学的起始阶段，精选彩色挂图、投影、录音、录像，并且教师用精美的语言描绘画面。说情境，创气氛，才能激发学生产生浓厚的审美兴趣，在总体上感受审美对象的美。

1. 应用配备教具激发审美兴趣

如教授《黄山奇石》时，笔者先引导学生观看黄山奇石的投影，并通过有感情的朗读，把学生带入具体的情境，从总体上感受黄山奇石的神奇。又如，教授《爬天都峰》时，则展示出笔者去年爬天都峰的照片，用美的语言描述天都峰的高峻和险要，让同学们从意念上一步一步爬上天都峰。由于创设了审美的情境，大大地激发了同学们的审美情趣，让他们情不自禁地被课文所吸引，进入美的境界，迫切希望了解天都峰的险峻美。

2. 从自制教具中激发审美兴趣

“授人以鱼，不如授人以渔。”很多时候学生满足的并不是物质，而是追求获得物质的过程。因而教师应当教会学生学习的方法，在平时教学中也可以尝试让学生自制教具，培养他们的动手能力，从而更好地达到对事物的审美兴趣。

（二）从角色扮演中激发审美兴趣

每一篇课文都是最好的剧本，因此教学中抓住人物特点扮演是最好的审美手段。教学中注意分角色表演，更能使学生激发审美兴趣。如教授《渔夫和金鱼的故事》，学生熟读课文后，让他们分别演

渔夫、老太婆、金鱼。从他们生动的表演中，其他学生很快就能判断出他们分别是怎样的人物代表，从而大大激发了他们的审美兴趣，提高了他们的审美能力。

因此，当我们用审美的意识、审美的方式去有意识地营造自己的人生时，才能有真正审美的人生，才能活得更有意味、更有价值和意义。

三、读中感悟，是培养小学生审美情趣的有力保证

叶圣陶说过："读的方面，它是包含了了解的程度及欣赏的程度，就像一幅画，你觉得它确实太好了，但问你好到什么境地，那得由你自己体会，从体会的能力就见出欣赏的深浅。"读的过程是对教材加深感觉、形成体验的过程，通过"随风潜入夜，润物细无声"潜移默化地使学生的情操和心灵得到陶冶和净化。

（一）细读中感受美

教学中把每一部分读通透，学生就能从中感受到美。如《观潮》一课，教学重点部分"潮来之时"，首先让学生体会读，让学生根据自己的理解，有感情地读自己喜欢的句子，给学生自悟的机会和空间。接着指名读、评议、复读，让读得不好的学生再读。然后，教师范读，让学生看着老师读，注意老师读时的眼神、体态、手势的变化等。最后，让学生模仿观潮的沸腾人群，跳着、叫着、挥舞着手进行朗读。引导学生反复地有感情地朗读，使他们置身于其中，充分感受潮来之时"浩浩荡荡""人声鼎沸""山崩地裂"的壮观场面。

（二）品读中感受美

每篇课文中都有些优美句子，要教会学生摘录、品读，从中更好地传递美。如《桂林山水》一文，文章这样描写桂林的山："桂林的山真奇啊，一座座拔地而起，各不相连，像老人，像巨象，像

骆驼，奇峰罗列，形态万千；桂林的山真秀啊，像翠绿的屏障，像新生的竹笋，色彩明丽，倒映水中；桂林的山真险啊，危峰兀立，怪石嶙峋，好像一不小心就会栽倒下来。”让学生多读，从读中领略作者成功运用排比句式，从而使语句对称工整。教学这样的句子，可通过引读、齐读、议读、分小组读等方式不知不觉使学生的情操和心灵得到陶冶和净化，进而使学生体会到美的韵味。

四、课堂游戏，是培养小学生审美情趣的有效手段

席勒说过：“只有当游戏的时候，他才是完整的人。”可以说，游戏是一种很有趣的审美活动。在小学语文教学活动中适当地运用一些游戏活动是很有必要的，这样可以让学生在课堂上展现对课文的理解、展现美。使学生在游戏中学会认知、学会合作，从而把学生带入课文所创设的情境之中。

（一）课文表演是深受学生喜爱的一种游戏

在深入理解课文内容的基础上，学生参与到课文创设的情境中去，扮演一下课文中描写的人物、动物、事物，感受课文中的美，同时通过语言、行为展现自己所理解的美。如教授《司马光》一文时，就可以让学生扮演“司马光”“与司马光玩的小朋友”，还可以让四个小朋友手拉手围成一个圆圈当“水缸”。通过学生的表演，提高了学生的学习积极性，活跃了课堂气氛，更重要的是展现了学生对课文的理解。

（二）音乐与语文教学的结合，也是一种非常好的游戏活动

音乐最具情感，是人们感情交流、相互沟通的最好手段，音乐的思想蕴藏于深刻的情感内容之中。欣赏音乐是一种特殊的审美享受，一种高层次的审美活动。如教授《妈妈的爱》时，让学生欣赏一下《妈妈的眼睛》，学唱一唱《小乌鸦爱妈妈》，可以让学生在优美抒情的旋律中感受到妈妈的爱与回报妈妈的赤子之心。应用音乐

激发自己的情感，使自己紧张的学习生活充满激情，让生命更有意义。因此，教师应将音乐与语文教学相结合，以很好地展现美。

审美情感是审美得以实现的动力，在美感中没有情感的参与、渗透，任何想象、知觉、理性都是苍白的。反之，有了审美情感作用，审美就有了其审美的价值、社会的意义。

总之，美是人类劳动的产物，并伴随着人类劳动实践而产生、发展。美的本质就是人的本质力量的感性显现。语文教材中的美学因素俯拾即是。在语文教学中，培养小学生的审美情趣，动用多种形式进行审美训练，带领学生在游览、参观、阅读等活动中受到美的感染，使之想把美用自己的情感，表达出独特性来。这样既培养了学生正确的审美观和初步的审美能力，又能激发学生对语文的学习兴趣，从而有效地提高语文教学质量，促进学生语文素质的提高。

参考文献

［1］柳建营，王志清，陈同基．美学教程：第二版［M］．北京：经济日报出版社，2014.

［2］曹明海．语文新课程教学论［M］．济南：山东人民出版社，2007.

让口语交际课堂焕发活力

刘惠琼

《义务教育语文课程标准（2011年版）》中指出："语文是最重要的交际工具，是人类文化的重要组成部分。"要让学生熟练运用母语进行交际，最为基础的则是说话，这是与他人交流思想、表情达意的一个重要途径。同时，学生将所学知识用自己的语言表达出来，也是一个由内化到外化的过程。低年级学生词汇量少，抽象思维能力较弱，这些影响了学生说话能力的提高。学生口语能力的培养，对于每一个年龄段的学生来说都是非常重要的，并且存在着不同程度的难点。对于农村的小学生来说，口语能力培养的难度更大，更富有挑战性，可谓难上加难。作为一名语文教师，怎样指导农村的小学生进行说话训练，在口语交际课堂能让学生乐说、善说，真正做到"能说会道"呢？笔者认为，一堂优质的语文课，应当注重培养学生的主体精神，使学生学会运用正确的学习方法，让他们在充满生机和活力的课堂上焕发激情，愉快求知。

那么如何让口语交际课堂焕发活力？笔者从以下几个方面谈谈：

一、亲近学生，让学生敢于说

孩子是天真无邪的，他们通常想到什么就说什么。但是，由于一年级小朋友初入学，对学校环境及老师有陌生感和不信任感，这大大抑制了学生的思维，使学生有话不敢说。因此，学生一到班里，笔者就迅速想办法，稳定学生情绪，与学生交朋友，然后再引导、鼓励他们把经历过的喜、恼、哀、乐用语言表达出来，与他们共同分享，这样，笔者很快就成了学生的知心朋友，他们也敢于说话了。

在课堂教学中，笔者对敢于说话，敢于发表自己见解的学生多表扬、多鼓励，提高他们的信心，培养他们的创新思维。渐渐地，全班学生不管在课余或是课堂上都能积极发表自己的见解。例如，在教学《小猫种鱼》这课时，笔者先出示了课题，让学生自读课题后设疑："从课题上，你想知道什么?"鼓励学生发表意见。学生一下子说开了，有的说："小猫为什么种鱼?"有的说："我只听说过种花、种树，可从没听过种鱼。"还有的说："小猫种鱼究竟是怎么回事?"学生们的一个个问题，都反映了他们求知的欲望。然后让他们自读多次课文后，再找学生复述课文，老师加以引导，让全班学生一起解决刚才的问题。这样的师生、生生的互动教学，比老师唱"独角戏"好多了。学生胆量大了，其语言表达能力得到了有效提高，对知识的掌握也比较牢固，还促进了他们的智力发育。平时注意让学生积累语言，培养他们敢于说话的习惯。笔者要求同学们每天把见到或有趣的事用一句简单的话记下来，然后让他们自己说出来，说得好的及时表扬。这大大地提高了同学们说话积极性，为他们将来的写作打下基础。学生小飞写道："放学后，我和爸爸一起到运动场上打羽毛球。"小林写道："我在放学的路上见到了一只可爱的小鸟。"

二、创设情境，让学生乐于说

情景教学，会让学生兴趣盎然，而以景助说，则令同学们乐此不疲。因此，在语文教学上，老师应尽量多想办法，创设情境，让学生乐于说。"兴趣是创造的火花"，如何激发学生说话的欲望、增强说话兴趣? 让口语交际课堂充满活力，在这个重要的环节中，笔者运用了多种形式的教学。如上《找春天》这节口语交际课，课前笔者就带同学们到学校的小公园去游赏，并告诉他们与小树、小草对话，然后在口语交际课上告诉老师，你与小草说了些什么，小草对你说了什么。有的孩子说："小草说，小朋友，我很口渴呀!"有的说："小朋友，你别老踩着我，弄得我可疼呢!"从而拓展了学生的想象力和思维力。临下课时，告诉孩子们每逢节假日，都要把在假日中的某一件事记好，待到上学时说给同学们听。由于养成了习惯，学生会特别留意身边发生的事情。又如，上第三册练习中的口语交际《秋天来啦》时，笔者先带领学生在校园内“找秋天”，引导学生观察具有秋天特征的事物，充分调动各种感官参与活动，先用彩笔画下自己找到的秋天，回来后把画的内容讲给大家听，比一比谁找得多、谁说得好。最后回到课本上，按顺序说说《秋天来啦》。这样，把课堂搬出教室，走进自然，学生乐于表达，训练扎实有效。

三、营造氛围，让学生平等参与

由于小学生的认知能力不强，知识面还不广，害怕说话不当、举止不当而当着同学的面出丑。因此，在课堂上老师要多一些表扬、鼓励，相信每一个学生，让每个学生参与其中，把学生当作朋友。老师则以学习者的身份，加入到学生中，与学生一起交谈、讨论；营造一种平等参与的口语交际氛围，学生在活动中出现问题时，应及时给予点拨和纠正。如上第五组教材安排的口语交际《帮他出主意》时，笔者以小组成员的身份，当了一回“臭皮匠”加入到学生讨论当中，跟学生一起出主意解决问题。通过平等的交流，学生自然敢说、想说、乐说。

四、以情动情，让口语交际激活

学生每天都可能遇上高兴、生气、难过、感动等印象深刻而难忘的事。第十组教材安排的口语交际要求选一件令你感动的事讲给同学听，教材为教学提供了三个思路，即学生看到、听到或者经历过的事情。从这三个方面选取一件令人感动的事，对五年级的学生来说，并不是一件难事。笔者对这组教材内容进行了聚焦处理：以“感动 2014”分享会作为本次口语交际的话题，从他们能够了解到的、经历过的事情入手，开展这一教学活动。从实际教学效果来看，通过多维互动，学生能真实地进入交际情境，取得较好的教学效果。

《义务教育语文课程标准（2011 年版）》还指出："写作教学应贴近学生实际，让学生易于动笔，乐于表达，引导学生关注现实，热爱生活，表达真情实感。"平时的教学中，教师应从真实生活入手，引导学生大胆述说，不用教师示范引路，而是以学生当"小记者"，发现问题，互补不足来激发学生说的兴趣；四人小组交流等多向交流，让学生充分地说。让学生充分地说，是为了让学生能水到渠成地写。从说到写，先说后写，说、写、议、评、改结合，引导学生自由表情达意，让学生的个性得到张扬，审美情感得到提升，让学生在会说的同时也能享受到写的愉悦。

人们常说"教无定法"，口语交际教学同样如此。正如吕叔湘先生所说："灵活多样的方法中有一个总钥匙，即一个'活'字。"让口语交际课堂焕发活力，就是要有一种交际的情境和氛围。多创设生活化的交际情境，激活了学生的思维；采用多向互动的多样化的交际形式，使学生积极主动地参与课堂。这种运用"活"的、生活化的语言材料指导学生言语实践的方法，不但能使学生的言语能力从幼稚走向规范和成熟，而且能使他们的情感和态度得到提升，从而实现语文教学的多维目标。

新课程改革给我们的课堂带来了蓬勃的生机，也给教师带来了极大的挑战。口语交际能力的培养要在双向互动的动态语言实践中进行，无论采用哪种训练形式，只要把握原则，坚持不懈，目标就一定可以实现。只要我们敢于进取，不断地追求，不断地反思，不断地创新，就可以使我们的语文课堂充满生机和活力。

参考文献

[1] 义务教育语文课程标准：2011 年版 [M]. 北京：北京师范大学出版社，2012.

[2] 徐冰鸥，朱晓民. 口语交际能力的构成及特征 [J]. 语文建设，2006（9）.

[3] 王立志. 学生口语交际能力培养的多元智能支持浅探 [J]. 辽宁高职学报，2008（5）.

让语文与生活同行，使课堂教学科学有效

陈笑容

"要努力建设开放而有活力的语文课程"，这一理念给我们的语文教学指明了方向，它启示我们要进一步认清语文教学与生活的关系。学生每天读着教科书，写着教科书上的作业，考试考着教科书里的内容。学生学习语文变成了学习语文书。在学习语文的过程中，学生很难接触到社会"大语文"素材，课堂几乎与生活隔离。苏霍姆林斯基说过："不要因教室的一扇门而把学生与世界隔绝开来。"笔者认为，语文教学的真谛在于引导学生走进生活、观察生活、体验生活，使生活成为语文的内容，使语文成为活生生的语文，使我们的语文教学充满活力，真正科学有效。

一、营造身临其境的氛围

小语教材中有许多文质兼美的描绘大自然的文章。如：《海上日出》《望庐山瀑布》《颐和园》《海滨小城》《桂林山水》等。在学习这些课文时，教师可利用多媒体放映这些绮丽壮美的景色，让学生有一种身临其境的感觉，以完全融入课文之中。如果没有电教设备，教师可让学生在诵读中感受文中描绘的美景，展开丰富的想象，使课文内容如同放电影一般呈现在学生头脑中，然后让他们一边读优美文字，一边动手作画，美丽的大自然景色会赋予他们参加学习活动的浓厚兴趣。若有条件，且有助于课文学习，就让学生直接走进大自然，走到哪里，哪里就是课堂，可以看日出、观美景，还可以即景即兴朗读课文、吟诗作画、演讲赋诗、自编童话……同学们身临其境，个个才思敏捷，志趣高昂，与老师一起感受自然美、生活美。

二、提供亲身体验机会

喜欢动手与参与是少年儿童的特点，合理利用，事半功倍。学习《詹天佑》时文中有这样的叙述："居庸关和八达岭两个隧道的工程最艰巨。居庸关山势高，岩层厚，詹天佑决定采用从两端同时向中间凿进的办法……八达岭隧道长，詹天佑决定采用中部凿井法，先从山顶往下打一口井，再分别向两头凿，两头也同时施工，把工期缩短了一半。"教学时，笔者对学生说："同学们来当詹天佑，替他画两张隧道施工图，画完后，把施工的方法向你的同事说说！"学生说完后，再把自己的感受说一说。有了这个动手实践的环节，理解詹天佑开凿隧道的方法和感悟他杰出的才能便水到渠成。在写作文《我发现了……》时，笔者让学生亲自动手实验，观察鸡蛋在盐水中浮上来的实验，让他们观察实验的变化以及同学们的表现，学生还积极主动探讨了为什么鸡蛋在盐水中能浮上来的知识，亲身体验激发了他们的探索欲望，培养了他们尊重实践的科学品质，通过动脑、动手、动口，使得课堂教学呈现出学生无拘无束、个性张扬的生动局面，学生会学、乐学，思维活跃，使课堂教学科学、有效。

三、课内学习与课外深化链接

课程标准把人文性作为语文的第二属性。但一些容易被人们忽略的意识、行为，并不是学习一两篇课文就能解决的，"纸上得来终觉浅，绝知此事要躬行"，只有把书本上学到的知识在生活中不断深化，才能达到文章"唤醒"的目的。如在学了《只有一个地球》后，为了让学生对环保状况、环保知识了解得更深刻，笔者布置学生写一份调查报告，鼓励学生到工厂、环保部门等去参观、访问，也可以到图书馆借阅相关的报纸、杂志。值得一提的是，当今世界处于网络技术与信息技术飞速发展的时代，让学生通过计算机从网上有针对性地查找自己所需的材料，是很有必要的。合理利用图书、网络、报刊、电视、广播等一系列的语文课程资源，了解环保现状及环保实施情况等。在调查研究中，学生被一连串惊人的数据震撼了。于是，一份份增强环保意识的倡议书，一张张反映环保现状的手抄报，一幅幅情真意切的环保标语便应运而生了。此时，学生的主体人格、创新能力、实践能力在这一过程中得到了很好的体现和发展。通过这样的练习，培养了学生思考生活问题、处理生活问题的能力，真正沟通了语文与生活之间的联系。

四、语文训练生活化

更好地掌握和运用语言文字，提高听、说、读、写能力，必须强调学以致用，所用的训练材料应尽可能来自生活。这样，学生在接受训练时，才会感到掌握知识、培养能力不只是为了考试，而是为了更好地生活，从而激发他们自主创新的欲望。如在学习了拟人、比喻等修辞手法后，让学生运用这些方法为学校编写维护纪律、文明、卫生等方面的警示语。这种独特的训练方式，能够点燃小学生内心自主创新的火花："不要弄脏小草的绿裙子""千万别说脏话，小鸟在监督我们""小草青青，脚下留情"……一条条充满童真童趣、朴实无华的警示语从他们的大脑中迸发而出，既落实了训练，又培养并提高了他们的自主创新能力。学习了《我爱故乡的杨梅》一课后，笔者启发学生根据学到的"围绕一个意思把话说明白"的方法，让他们做"推销员"，将自己家乡最有特色的水果介绍给"客户"，看谁说得好。学生们跃跃欲试、争先恐后，他们运用自己学到的方法将荔枝、龙眼描绘得可爱极了！再者，笔者认为课堂探究的地点也应是开放的，不以十几平方米的教室为界限。孩子们对周围世界的好奇心和积极的求知欲是与生俱来的，教师要根据教学内容的特点和本地实际，带领学生走出课堂，贴近生活，走进大自然。这样，学生的眼睛会变得更明亮，小手会变得更灵巧。如教授《花钟》《小蝌蚪找妈妈》《寻访小动物》等课时，笔者将学生的学习置于广阔的背景之中，帮助他们不断扩展对周围世界科学现象的体验，丰富他们的学习经历。这种技能训练的生活化使学生既巩固了知识、掌握了技能，又使他们体会到了学习知识的快乐，开发了他们自主创新的潜能。

让语文走进生活，并不等于把课堂还原为生活。课堂与生活是有区别的，课堂一定具备三个要素——老师、学生、教材，缺一不可。教学一定是有组织的，绝非让学生放任自流；课堂上使用的教学素材一定是经过精心选择的，并不是生活中所有的素材都可以用来作为教材使用；教学一定是有目的的，反映在每一堂课上就是有明确的教学目标，没有目的就不成其为教育，没有目标，也不成其为教学；课堂上，学生的认知水平一定是有提升的，我们的课堂是科学有效的，不然，老师的劳动就是无效劳动。

课堂小天地，生活大课堂。生活处处皆语文，语文无处不生活，让我们把语文与生活结合起来，让语文引导学生更主动地去关注生活。愿我们共同努力，让我们的语文课堂充满科学、灵气与活力，真正有效！

参考文献

［1］义务教育语文课程标准：2011 年版［M］. 北京：北京师范大学出版社，2012.

［2］崔峦. 小学语文教学论［M］. 北京：中国人民大学出版社，1999.

数学的有效性学习策略

罗银意

时代不断地变迁，信息化的社会不断地进步，小学数学教材也不断地在改版，导致很多农村学生的基础跟不上，都有一种厌学的心态，对学习不感兴趣。如何才能使学生对学习产生兴趣，有效地学习，从而有效掌握数学知识呢？通过多年的教学实践，笔者认为可以从以下几个方面展开：

一、激发兴趣，调动积极性

俄国教育家乌申斯基说过："没有任何兴趣，被迫地进行学习会扼杀学生掌握知识的意愿。"兴趣是学生积极主动学习的直接动力。教学上的艺术性、形象性、趣味性，能使学生情绪兴奋，从而积极对待学习活动，自觉思考问题。在教学新内容之前，教师要尽可能生动具体地讲清楚本节课学习的内容和要求，激发学生的求知欲；在教学时要有目的地设计问题，以调动学生的积极性、好学性；设计生动、有趣的练习，激发他们的学习兴趣；最后让学生用学到的知识去解决实际的问题，从中获得成功的喜悦。

例如，在上负数这课时，笔者先利用一个游戏导入。游戏规则：老师说一句话，请你说出与它相反意思的话。①向上看（向下看）；②向前走 200 米（向后走 200 米）；③电梯上升 15 层（电梯下降 15 层）。在游戏时，学生都很活跃，都参与到游戏当中，通过游戏使学生对相反的数产生兴趣，让学生认识到现实生活中有相反意义的两种量普遍存在，为下面研究负数奠定好基础。

二、师生融洽，和谐教学

和谐的教学，是课堂教学达到优化的重要体现。师生关系融洽了，学生喜欢你才会喜欢你的课，这样才能优化课堂教学，学生才能掌握知识。而且教师对待学生的态度直接关系到教学效果的好坏。对于一些中下生，教师不应看不起他们，而应去关心他们，尊重他们，中下生知道老师并没有放弃自己，就会喜欢你这位老师，就会认真去听你的课。可见，融洽的师生关系能使老师的教和学生的学达到和谐统一，能使学生在轻松愉快的氛围中学习。因此，教师与学生的关系必须搞好，也就是说，教师的思想要民主、态度要平和、心中要有学生，对学生一视同仁，以充分调动他们学习的积极性，把他们的学习思想吸引到自己的教学中。

学生都存在着个体差异，老师上课时必须要关注到，老师一定要努力去挖掘他们的闪光点。如在上《图形的放大与缩小》这课时，笔者让学生动手根据题目要求去画图。一位平时不喜欢出声的后进生把她画的图拿给笔者看，问："老师，是这样画吗?"笔者一看，不断地点头。多规范、多美观的图啊！笔者立刻放到投影上，向全班展示，同学们都认为这位同学画得好，发出赞叹的声音。而这位学生也知道自己并不是一无是处的，对自己也有了信心。

三、充分练习，提高效果

学生学完新知后，一定要让学生进行充分的练习。因为练习是学生内化和巩固知识、形成技巧的必经之路，它是运用知识分析解决问题的主要形式，学生只有把所学的知识充分地运用在练习上，才能有效地提高教学效果。

（1）要强调学生独立完成作业，培养他们独立思考、解决问题的能力。

（2）要培养学生养成良好的作业习惯。每次做作业之前，一定要认真审题，审清题意后才去解题。

如在教学《圆锥的体积》时，笔者让学生做题时一定要审清题意，题目到底是求圆锥的体积还是求圆柱的体积，因为圆锥和圆柱的体积公式很相似。曾经在测试卷上，有部分学生就没有审清题目，题目本来是求圆锥形沙堆的体积，有学生却求成了圆柱的体积。针对这样的情况，笔者告诉学生一定要审清题意，把一些关键的词圈起来；然后才去思考解题的方法。经过这样的练习后，学生解题的正确率也高了。因此，在做练习时，有良好的作业习惯，学生把知识掌握好了，确实能把教学效果提高。

（3）要及时反馈、订正。学生的作业做得正确、合理与否，应尽可能让学生在课堂上及时知道结果，发现问题要引导学生及时订正。

数学的计算是很烦琐的，有时一不留神就会出现错误，或是单位，或是小数点，或是进率等。因此，老师对学生做的练习要及时反馈、订正。笔者每次让学生做完练习后，都尽可能抽一些错误的和正确的让学生进行对比评讲，让学生发现谁是谁非，题目中哪些地方是特别要注意的，知道哪一种解题的方法更好。因此，这一环节在练习中是很重要的，而且收获是很显著的。

四、大胆质疑，增强信心

在教学中，老师要鼓励学生大胆质疑，敢于发问。学生敢质疑发问，说明他们想学、好学，只有在掌握基础知识的情况下，才能提出更深一层的问题、更富有思考性或本质的问题。在课堂中要给学生充足的时间和机会质疑，只有给充足的时间让学生进行认真的独立思考，才能发现和提出疑难的问题。学生有质疑时，老师要善于引导学生去分析、解决。在分析、解决疑难问题后，教师要善于总结，对于一些问题提得好的学生要注意适当地鼓励和表扬，这样学生才有信心。

例如，学了《圆柱的表面积》后，在一次练习中，有一道题是求一顶博士帽用料的情况。在全班评讲，求它的用料实际上是求一个正方形的面积和一个圆柱的侧面积的和就行了。这时，有一位学生马上提出质疑："老师，还要减去一个底面，因为题目说没有底。"其他同学听了，有的发言说："不用减。"看到这样的情形，笔者先让学生各抒己见；然后再用两张纸，其中一张是正方形，在学生面前实际操作简单做了一顶博士帽，让学生留意观察。经过实际操作，刚才的讨论声停下来了，笔者说道："刚才这位同学提的意见非常好，因为他牢记了老师说做题时要抓住关键的字眼，他就抓住了没有底。因此，我们以后做题一定要抓住关键的字眼，审清题目要求什么，不要马虎大意，随意列式。而且你有疑问一定要及时提出，这样才是真正在学知识。"说完，不少同学都向那位学生投去赞赏的目光。

五、取长补短，相互促进

提高后进生的水平是大面积提高教学质量的重要环节。后进生的产生不应全归咎于智力因素，很大程度上是他们未能得到适当的帮助。因此，给后进生提供适当的帮助，以促进他们对知识的掌握，提高他们学习的兴趣与信心。

为了给后进生提供适合的帮助，除了个别辅导外，还可以采用"一帮一"的活动，即一位成绩好的学生帮助一位后进生，或者是两位成绩相当的互相帮助。每天"小老师"出五道题给后进生做，后进生有不会做的，"小老师"要耐心地引导分析，最后由"小老师"把做好的题交给老师检查。老师检查时，再根据不同学生的不同情况，告诉"小老师"下一次出什么类型的题。通过这样"一帮一"的活动，用优等生的长处去补后进生的短处，不仅令优等生在活动中充分体现自己的长处，还能训练他们多去找资料，对学过的知识进行梳理，而且使后进生从中得到适当的帮助，特别是对缺漏的知识适时补救、掌握。因此，不管是优等生还是后进生，他们的成绩都有明显的提高。

总之，教师只要能在教学中激发学生兴趣，营造和谐的课堂气氛，教给学生学习的方法，让他们充分练习，大胆质疑，让他们在团结互助中相互促进，相互探究，就能够提高课堂的教学效率。学生只要坚持有效性学习，就能有效地掌握知识。

参考文献

[1] 张重. 对课堂教学改革的建议 [J]. 宁夏教育，2004 (2).

[2] 王雪梅. 课堂提问的有效性及其策略研究 [D]. 兰州：西北师范大学，2006.

浅谈如何提高小学语文学习能力

冯利群

“以学生为主体”，就是在教师指导下，学生作为主体参与到自学之中，当堂完成教学目标，从而培养学生的学习意识和自学能力，促进学生的学习质量整体提高。这种教学理念，意味着教学从教师的“满堂灌”向最大限度的学生自学和学生参与转变，是激发学生创造力的新的教学方法的尝试。

叶圣陶先生说：“教师今天的教正是为了明天的不教。”爱因斯坦说：“提出一个问题，往往比解决一个问题更重要。因为解决一个问题也许仅仅是一个数学上或实验上的技能而已，而提出新的问题、新的可能性，从新的角度去看旧的问题都需要有创造性的想象力，而且标志着科学的真正进步。”

过去一些教小学中高年级的老师总认为讲得越细，学生学得越容易，课堂教学效率会更高，老师领着学生走，他们就可以少走些弯路。但恰恰因为这样做，许多学生养成了不动脑筋的坏习惯，什么东西都等着老师来讲，被动地听课，不愿主动地学习，课堂参与的积极性很低，往往一个问题问下去，学生毫无反应，只是呆呆地看着老师，等着正确答案的揭晓。等到实际运用的时候，学生不会思辨，考试时碰到老师没讲过的、平时没做过的题就不知如何是好。老师们惊呼，试题灵活了，学生却不会做了。

为了改变这种状况，老师就要大胆地尝试采用“先学后教”的模式。这种教学方式，要求教师要善于引导学生思维、启迪智慧，让学生在自学中学会发现问题，提炼问题。学生的“先学”不是那种漫无目的的“学”，也不是没有教师指导下的“学”，要有计划地“先学”。一篇新课文，学生如果预习不到位，那么他们就不能很好地参与教学活动。教师在教学新课之前，要围绕每篇课文的重难点提出要解决的问题布置学生预习，学生才会按老师的要求有序地进入自学状态。

一、教给学生具体的自学方法——“三读二查一见疑”

“三读”，就是要求学生对新课文至少读三遍，把课文读通顺，要求家长签名监督，培养学生每天在家读书的良好习惯。“一读”，指默读，也即最初读课文，要手脑并用，圈点字词，勾画语句，粗知课文大意。“二读”，指朗读。学生再读课文要出声、口脑并用，理清作者思路，筛选信息，熟悉课文内容。“三读”，指精读赏读。这是更高层次的读，要把握课文要点，概括主旨，了解写法。

“二查”，就是要求学生亲自动手，学生在读的过程中，肯定有疑难，解决的方法是自己查。“一查”即查字典、词典和词语手册，解决字、词的音义，这是学生完全可以自己解决的，教师不宜代劳。“二查”即要求学生查阅有关资料，对有关作者、写作背景等做粗略了解。如在教学《落花生》一课时，笔者引导学生课前搜集有关花生和作者的资料，如花生为什么又叫落花生？除了书上介绍的你还知道花生有哪些用途？课堂反馈时，笔者发现学生查找的资料十分丰富，学生知道花生的好处还有很多很多：可以做花生牛奶；可以煲汤喝；花生中的维生素 K 有止血作用；花生含有维生素 E 和一定量的锌，能增强记忆，抗老化，延缓脑功能衰退，滋润皮肤；花生含有的维生素 C 有降低胆固醇的作用，有助于防治动脉硬化、高血压和冠心病等。学生通过查阅有关资料，增长知识的同时，学习的积极性、主动性也调动起来了，课堂气氛也活跃起来了。

“一见疑”，就是要求学生将在自学中遇到的疑难问题标注在书上，并写出自己的观点和见解。在自学中学生肯定有疑，先让学生谈看法，然后在课堂上听教师讲解，疑点则豁然开朗，学习的兴趣也提高了。

二、教师要做一个出色的导演，指导课堂自学

（一）以检查促自学

以检查促自学，就是在课堂上检查学生课前自学情况，这既可以对学生起督促作用，又可以了解学生对课文的理解程度。检查可以让学生读课文，可以板演字词，可以让学生发表见解，也可以事先精拟题目让学生口头回答。例如，在教学《落花生》一课时，出示填空题：课文围绕（　），按照（　）的顺序写了（　）、（　）、（　）、（　）这些内容。通过检查，教师可以做到心中有数。不但可以锻炼学生的表达能力，还可以提高学生快速捕捉要点的能力。

（二）讨论解疑

讨论解疑，即在课堂上师生共同讨论，这是初步解决问题的方法。讨论的问题，首先应当是学生在课前自学过程中解决不了的问题，通过讨论，师生首先解决，然后教师把备课时精拟的有关课文的问题提供给学生，让学生讨论，先在讨论中学习。讨论的方法有两种：①小组讨论，可以二人组、四人组，也可以一排一组，在分组讨论中，教师来回巡视，也可参与学生的讨论之中，适当点拨启发、引导、帮助他们解决问题。在小组讨论中，可分组评分，培养学生的竞争意识和集体荣誉感。②集体讨论，即组织学生集体探讨，讨论后，积极举手发言，也可把学生请上讲台，大胆发言，表达自己的观点和认识。对于一些仍有疑难的、学生学了也不理解的问题，需要老师进行讲解，引导学生积极思维，明辨是非，寻找答案。

（三）引导深化

引导深化是课堂教学活动的最高境界，教师利用课堂上学生掌握的新知识，去解决生活中的实际问题，既可以对课堂上所学的知识进行深化，同时又可以将学生的思维带入一个更高的层次。例如，在学习《落花生》这一课时，先让学生说一说：

花生不好看，可是很有用。

交通指示灯虽然不好看，却能保护人们的生命安全。

清洁工工作不体面，但他们能给人们带来清洁舒适的环境。

（　　　　　　　　），但（　　　　　　　　）

再从文中想开去，进行小练笔：

作者由落花生领悟到了做人的道理，生活中的哪些事物也让你领悟到了做人的道理？（蜡烛、梅花、老师……）

课堂教学的全过程，应是引导学生自学的过程，但每一步都离不开老师的引导、点拨。学生讲不完整的、达不到深度的地方，老师一定要做补充讲解。

总之，以生为本，以学定教，在学生充分自学后，学生会的不教，不会的尽量让学生自行解决，老师只做点拨性的引导。这样，老师与学生，学生与学生之间互动式的学习交流更有利于学生掌握知识，完成学习目标。教师教得轻松、学生学得自如，从而焕发了学生的学习热情，养成了好的学习习惯，更好地提高了学生的学习能力。

参考文献

［1］方明．陶行知名篇精选［M］．北京：教育科学出版社，2006.

［2］李秉德．教学论（修订）［M］．北京：人民教育出版社，2001.

［3］杨九俊，姚烺强．小学语文新课程教学概论［M］．南京：南京大学出版社，2005.

随风潜入夜，润物细无声

——浅谈如何提高育人效果

冯利群

心理学家罗伯特说过："人离开环境，便无行为而言。"创新教育，意在教育中以一种自由和谐的人文理念，科学地为创造力的迸发提供环境，营造教育氛围。教育，不是给予，而是唤醒，它恰如生命中的阳光和空气，为潜在的创造力的种子的萌芽与绽放提供良好的条件。因此，我们教育者在教育过程中要学会尊重，学会宽容，学会赞美，为学生创设一个良好的教育氛围。

一、行为规范教育，加强各种能力的培养

对学生进行常规教育和训练，严格要求，一抓到底。长期以来，笔者针对班上学生实际，利用一切有利时间加强对学生习惯的培养。首先，训练学生正确读书和写字的姿势，每天提醒他们注意良好习惯的培养。读书时要求全班同学都拿起书做到眼到、手到、口到、心到。只要做作业，就不停地提醒纠正不良姿势，脚平放，腰挺直。当学生起来发言时，则要求他们站端正，两眼平视前方，态度自然大方，并且说话时声音要响亮，吐字要清晰。在听的能力方面，则要求他们注意听别人说话，听清楚说话的内容，记在心中，能复述出来。这些办法对学生良好的习惯养成起到了一定的促进作用。现在学生在课堂上读写、坐站、听说的正确姿势逐步养成，增强了自控能力，课堂秩序有明显好转。

二、耐心教育，多表扬少批评

表扬运用得恰当，学生的积极因素就会像原子裂变一样发生连锁反应。例如，上课时大部分同学在吵嚷，没有做好上课准备，如果泛泛批评，收效甚微，如果点名批评，别人往往幸灾乐祸；倘若从乱哄哄中找个坐得好、不说话、书本都准备好的同学进行表扬，其他学生便会仿效，使得秩序井然。每个人都有自尊心，这种表扬是不伤害学生自尊心的批评。教师可以用表扬某个学生道德品质、思想行为上的积极因素去影响和克服后进学生中存在的消极因素，寓批评于表扬之中。这样有利于学生之间互相学习，达到取长补短的目的。

三、爱心教育，让每一朵花都散发芬芳

教师的伟大，不仅仅在于传授给学生多少知识，更在于他将爱的雨露洒进孩子的心田，“让每一个学生都抬起头来走路”。对后进生，教师要给予特别的关爱，做到思想上不歧视，感情上不厌倦，态度上不粗暴；要用自己对后进生的一片真诚的爱心，去叩响他们的心灵之门；要善于发现他们的闪光点。比如，课堂上不要紧紧盯着优等生，应多给后进生创造条件，鼓励他们举手发言，及时给予肯定、奖励，使他们也能自信地面对学习。同时，课外积极辅导，多与家长联系，争取家校联合，为学生创造一个良好的学习环境。

我们班有个学生叫小斌。刚进这个班时，他上课总是搞小动作，影响别人学习；课后惹事，追逐打闹，还随便骂人；轮到他值日时，不是迟到就是不见人；上学也经常迟到或者穿戴不整齐。每周文明班评比，我们班经常因他而扣分，多次评不上，每天不是任课老师就是学生前来告状。于是，笔者找他谈话，希望他认真听讲，知错就改，争取做一个他人喜欢、父母喜欢、老师喜欢的好学生。也许因为害怕，他答应了。可他又一如既往，毫无长进。为了更好地改

变他，笔者又和他的家长谈话，以便有针对性地开展工作。然后，再次找他谈话，谈话中笔者了解到他心里十分怨恨自己的父母。他告诉笔者："我的爸爸妈妈常常批评我，从来不表扬我，还打我。答应过我的事，总是做不到。因为我不听他们的话，没有按时完成作业，吃完晚饭就往外跑……""看来你已经认识了自己的错误，说明你是一个好孩子，但是，这还不够，你觉得应该怎样做才好？""想改正错误吗？想做一个受人欢迎的孩子吗？你要怎样做才对呢？"笔者一点一点地引导他。

经过谈心以后，小斌无论是在纪律上，还是在学习上，都有了明显的进步。当他有一点进步时，笔者就及时给予表扬、激励。还联系他的家长，让家长也及时表扬他。他也逐渐明白了老师和家长都很关心他、喜欢他，明确了学习的目的，端正了学习态度。为了更好地转变他，笔者特意安排一个责任心强、学习成绩好、乐于助人、耐心细致的女班长跟他同桌，目的是发挥同桌的力量。班长无论在学习上还是生活中都积极帮助他，让他感受到集体的温暖。经过一段时间的学习，他各科成绩都进步了，他非常开心，学习也有劲头了。

作为一名教师，我们应该尊重每一位学生。心理学家认为，"爱是教育好学生的前提"。对于小斌这样特殊的后进生，需放下架子亲近他，敞开心扉，以关爱之心来触动他的心弦。"动之以情，晓之以理"，用爱去温暖他，用情去感化他，用理去说服他，从而促使他主动地认识并改正错误。

四、为人师表，以身作则

班主任工作是塑造学生灵魂的工作，班主任对创设良好的班集体，全面提高学生素质，陶冶学生情操，培养全面发展的人才，具有举足轻重的地位和作用。在学校里，班主任接触学生的时间最长，开展的教育活动最多，对学生的影响最大，在学生面前自己就是一面镜子、一本书。因此，规范学生的行为，首先要规范自己的行为；

提高学生的素质，首先要提高自身的素质。在教育工作中，真正做到为人师表，率先垂范。作为一名班主任，在工作实践中，要求学生做到的，老师首先带头做到；要求学生讲文明礼貌，老师首先做到尊重每一位学生的人格，不挖苦讽刺他们；教育他们热爱劳动，老师应每天早上和学生一块打扫环境卫生和教室清洁卫生；在学习上，要求学生书写认真工整，老师在板书时首先做到书写规范认真。这样，老师的一言一行便成为一种无声的教育。

笔者曾经教过一个叫小银的学生，她患有先天性软骨症，手脚无力，不能自己行走，智力有先天缺陷，接受能力很差。父母希望孩子能在学校学习一点文化，有小伙伴跟她玩，能快乐生活。要把这个完全没有自理能力的小女孩从父母身边、从家庭中转移到学校，无论是她本人还是父母都很担心，能不能适应新的环境？能不能像其他儿童一样接受九年义务教育？笔者知道，即使是一个正常的儿童，要适应这个巨大的转变，也要付出一定的努力。为了让她同样拥有一个色彩斑斓的充满愉悦的学校生活，笔者找到一些特殊教育的书刊来学习，把学到的知识运用到实际教学中。为了让她安心上学，每天都关心她的生活，上课时多留意她的需要。笔者发现她喜欢读读背背，课堂上便总是找机会让她开口发言，每次说对了都及时表扬她，让她树立学习的信心。为了让她打好基础，学到知识，笔者总是一遍又一遍地、不厌其烦地教她。教师是学生心目中的榜样，在笔者的言传身教下，全班同学围绕着她不断涌现出“学雷锋做好事”的感人事迹。下课了，同学们主动扶她去操场上锻炼身体；有时跟她做游戏，讲故事；有时和她一起学习；她要上厕所时扶她去厕所；放学时陪她一起回家；她生日时，每个同学都送她小礼物和祝福语。集体的温暖让她得以健康开心地生活。

如果说尊重是为了发现孩子身上的创造性，那么宽容便是为了保护，赞美便是为了鼓励；如果说尊重是走进孩子创造心灵的桥，那么宽容就是给他（她）空间，而赞美就是给他（她）舞台。教师应学会尊重，学会宽容，学会赞美，为学生营造一个宽松、自由、民主的气氛，让他们能够自由地思索，大胆地想象。如果老师能积极改进教育方法，就会大大提高对学生进行思想品德教育的成效。

参考文献

［1］陈海滨，徐丽华．优秀班主任教育艺术66例［M］．上海：华东师范大学出版社，2009.

［2］冯婉桢，檀传宝．改革开放30年的中小学德育政策［J］．中国教育学刊，2008（12）．

［3］丁钢．教育与日常实践［J］．教育研究，2004（2）．

巧设英语作业　让学生乐在其中

王玉芳

《义务教育英语课程标准（2011 年版）》关于作业的理念：新课程的作业已不再完全是课堂教学的附属，而更是重建与提升课程意义及人生意义的重要内容。随着课程改革的不断深入，教师不断地转变教育观念，树立正确的教育观，努力在课堂教学设计中体现多元智能的培养，使教学形式变得活泼多样，课堂气氛变得积极热烈。新课程的实施促进了英语教学效率的有效提高，但在日常教学中师生对英语作业仍怀有较多困惑，时间花费多，收效低。究其主因是作业形式单一、枯燥，完成作业的过程没能成为提高学生语言综合运用能力的过程。如何精心设计小学英语作业，提高作业效率是值得一线教师研究的课题。

一、英语作业的现状

在英语教学中，笔者发现学生完成课外作业的积极性和质量不是很高，很多学生不太乐意完成英语作业，学习英语的激情在每天机械重复的作业中慢慢被磨灭。笔者在所教的班级曾做过关于英语作业的调查，调查结果显示：54.3% 学生喜欢英语作业；41.3% 的学生认为英语作业形式单一，枯燥烦闷，特别是男同学，50% 的男同学不喜欢抄抄写写的作业，遗憾的是有 6.82% 的学生完全不喜欢英语作业。

面对这样的调查结果，看着学生完成的质量不一的英语作业，笔者反思自己布置英语作业的情况，究其原因：主要是由于老师作业设计得不合理，缺乏趣味性和创新性，从而导致了学生做作业的兴趣不高，也不能发挥作业应有的作用。

现在小学英语课外作业在布置上普遍存在这样的问题：

1. 形式单一，缺乏趣味性

很多老师在布置家庭作业时，都是“听磁带、抄单词、背课文”的机械练习较多，机械重复，乏味无趣，学生越做越疲倦，越来越不想做，面对这样的作业，孩子困乏，老师无奈。

2. 布置随意性，缺乏层次性

教师平时在布置作业的时候不是根据学生学习的需要而去布置作业，根本就谈不上是设计作业，作业布置缺乏层次性。

3. 没有考虑到学生的特点，缺乏个性化

教师在设计作业时，没有考虑到学生个性化发展的需要，没能从各层次学生的实际出发去设计不同的作业，而更多的是实行“一刀切”的作业。

二、科学优化作业，让孩子乐在其中

作为一名英语教师，我们该如何设计作业，让它成为学生学习、拓展、快乐的乐园，使学生喜欢上作业，使作业真正促进学生的发展呢？笔者认为，在作业设计中教师要精心构思，以任务为中心，以英语语言为载体，体现生活性、真实性、人文性，充分调动学生的各种感官，激发学生的聪明才智与学习兴趣。

（一）英语作业我来挑——布置层次性作业

在课堂教学中，老师多能注重学生的个体差异，因材施教，让每个人的个性得到自由发挥。但是，在布置作业上，很多老师会存在“一刀切”的弊端。因此，我们应改全班统一、忽视个体差异的作业为层次性作业。在设计英语课外作业时，我们可以根据教学目标将作业设计成A、B、C三个套餐。其中A套餐偏重于综合能力的运用；B套餐偏重于基础知识的巩固和积累；C套餐则更适合于学习能力较强的孩子，学生根据自己的学习水平来选择作业。如在教学完三年级上册“Unit 9　Is it a cat?”时笔者布置的作业是：

【套餐 A】用 A4 纸抄写课文单词 cat，rabbit，dog，bear，ball，kite 并附上简笔画 + 读熟课文内容

【套餐 B】抄写本课单词 cat，rabbit，dog，bear，ball，kite，一个单词抄 4 遍 + 读熟课文内容

【套餐 C】背本课单词 cat，rabbit，dog，bear，ball，kite 和课文

老师可以结合教学内容和学生特点布置各层次作业，“因材施布”地让“学得快的学生吃得精，中等水平的学生吃得好，学得较慢的学生吃得饱”。让学生自由选择或在老师的指导下选择作业，使没有掌握好新单词的学生熟悉单词，学习优秀的学生有更多的时间去看课外书。

（二）英语作业我做主——布置自主性作业

古希腊教育家苏格拉底说过，“教育不是灌输，而是点燃火焰”，“最有效的教育方法不是告诉人们答案，而是向他们提问”。让学生自己给自己布置作业，或在老师的指导下设置开放或半开放的作业，“我的作业我做主”给学生自主的权利，“作业自产自销”学生对自己布置的作业会全身心地投入完成，并且乐此不疲。例如，在教学完四年级下册“Unit 8　What are you doing?”时，笔者设计了比较开放性的作业：①读本课课文__次，并熟读能背；②邀请同学一起表演课文。学生对这样的作业是比较喜欢的，在做作业的过程中给学生充分的自主权。不规定读书的次数，只要熟读就行，让学生邀请同学一起表演课文，既让学生熟悉课文内容，又锻炼了他们的交际能力。

在清明节放假期间，考虑到有的孩子可能要忙着去扫墓，不知道能腾出多长时间做作业，所以笔者给学生的作业是：请你给自己布置清明节家庭作业。学生看看黑板，很愕然，大家议论纷纷，但一会儿又陷入了一片沉思，有的学生自觉地在作业登记本上写着给自己的作业：①读熟第 5 课课文；②跟 × × × 来一场单词 PK 赛，等等。有一个学得较慢的学生给自己布置的作业是：扫墓时给已故的爷爷背第 5 课单词，唱一首英语歌曲。学生们有想法，会思考，看

着学生的这些作业，笔者感到非常欣慰。通过学生自主布置作业，使以往老师天天追着学生要英语作业，学生天天躲着老师不交英语作业的现象得到了改善。学生养成了独立并能按时完成作业的好习惯，其自尊心和自信心得到了满足与发挥，使他们真正喜欢上了英语，学习具有了主动性。

（三）英语作业合作化——布置合作型作业

《义务教育英语课程标准（2011 年版）》指出：英语课程承担着培养学生基本英语素养和发展学生思维能力的任务，即学生通过英语课程掌握基本的英语语言知识，发展基本的英语听、说、读、写技能，初步形成用英语与他人交流的能力。

学习一门语言，其中重要的目的就是用于交际。广州版英语教材非常重视语言的交际，我们所用的英语教材中很多课文都是对话式的，可以让学生和同伴、老师甚至是父母亲就课文的内容进行对话。在学习完 clothes 这一模块后，笔者在课室的一角设计了“Mickey clothes shop”，摆放了各式的衣物，让学生用学过的对话进行实际的操作，把课文的知识变成生活的语言。他们会利用“What can I do for you?”“Can I help you?”“I want to buy... ”“Look at this one. It's... ”“How much is it?”“It's cheap / expensive. ”“I will take it. ”等课文里的句子进行衣物的买卖，在合作的表演中，孩子们培养了良好的合作精神，提高了口语表达水平。

在学习了有关人物的形容词后，笔者布置了让学生介绍自己的英语老师的作业。有的学生有着独特的想法，有的学生画画的水平很高，还有的学生写字端正整洁。老师和学生一起完成一幅作品，既让孩子体验成功的快乐，又可以培养学生团体合作精神，还拉近了师生之间的关系。

（四）英语作业多元化——布置多元型作业

加德纳在他所著的《智力的结构》一书中提出：每个人至少有 8 项智能，即语言智能、音乐智能、数学逻辑智能、视觉空间智能、身体运动智能、自然智能、自我认识智能和人际交往智能。每个学生的智力是否都能得到发展，关键在于教育方法是否得当。随着课程改革的不断深入，教师不断地转变教育观念，树立正确的教育观，努力在课堂教学设计中体现多元智能的培养，使教学形式变得活泼多样，课堂气氛变得积极热烈。学生们喜欢玩、喜欢唱歌、喜欢表演与游戏，喜欢动手操作，喜欢想象。因此，教师在布置作业时要充分考虑学生的兴趣、爱好、愿望等特征，以生动和有趣的作业形式取代重复和呆板的作业形式。笔者喜欢布置培养学生动手能力的作业，让学生动用各种感官，效果更佳。如在学习了动词短语后，若机械地抄写多次，学生会比较厌倦的，笔者设计了 The beautiful sea 作业，让学生化身为画家，在原有的图画的基础上用动词短语添一添、画一画，学生的兴趣就被充分地调动起来，既让学生巩固了课文的知识，又锻炼了他们动手画画能力。

立足多元的作业设计充分考虑到对学生在英语听、说、读、写等的全面训练。这样能充分显现语言类学科交流的功能性，且实践形式多样，符合学生的年龄特点。

（五）英语作业 high 起来——布置综合性作业

美国教育思想家杜威说："学校必须呈现现在的生活——对儿童说来是真实而生气勃勃的生活。"课堂要具有体现生活性，作业也要接近生活，要培养学生解决问题的方法和能力。前面所述的方法并不是孤立单一存在的，而是多法并举，锻炼孩子多种技能的。

例如，在比较长的假期，笔者布置做小型的英语手抄报。平时的节日，也会让学生制作一些母亲卡、圣诞卡、小书签等，比较好动的学生对画画不是很感兴趣，就布置让文静的学生做书签，好动的孩子去跳格子，把几个单元学的最难的单词用粉笔写在家里的地板上，解决一个就占领一个地盘。爱动的学生不喜欢机械的抄写，但对于活动型的作业他们却很乐于接受，他们脑子灵活，记单词和做游戏两不误。

（六）我的作业我来管

中年级学生的自律能力还较差，在习惯没有养成之前，还需外力来约束并帮助学生。班上总有那么几个孩子，做事丢三落四，专注力不够强，老师刚布置的作业一转眼就抛到了九霄云外。针对这样的学生，笔者采取了让他们自己管自己作业的方法：设置作业协管员，让学生来应聘，特意让那几个自律性较差的学生来当这个“小官”。有了职务，可以管其他人，自己得要先做好表率，接到新职务，他们很快地就把作业完成了，还去督促其他同学尽快完成作业。这个方法可谓一举两得，既可以让全班同学完成作业，又可以培养学生的责任感。

我们不能把布置英语作业孤立起来，在科学布置作业的同时，还要充分考虑到其他学科的作业量，几个学科要协调好作业量，给学生适量的作业，在不加重学生负担的前提下让他们快乐地完成作业。

学生的学习一半来源于英语课堂，一半来源于课后的学习与巩固。英语家庭作业是小学英语课后学习的一个重要环节。我们要努力设计一份优秀的英语家庭作业，这能充分激发学生的学习热情，使学生在课堂上学到的知识得到很好的消化和巩固，对提高英语教学质量也有着事半功倍的作用。科学课堂需要科学有效作业的补充。因此，我们在布置英语作业时要认真把握学生的心理特征、思想情绪、学习习惯、兴趣爱好、英语程度等，结合科学的理论依据，让学生动口、动手、动脑，拓展视野，从听做、说唱、玩演、读写、视听等多角度、多方位，想象和创新意识等多种能力出发，发展学生思维、想象力、创新精神等综合素质，巧妙设计形式多样的英语作业，让课外作业成为每个学生和教师间心与心的对话，使小学英语家庭作业布置更科学、更有效。

参考文献

［1］义务教育英语课程标准：2011年版［M］．北京：北京师范大学出版社，2012.

［2］刘春生．让学生爱上作业——小学作业布置、查收和批改的技巧［M］．北京：中国轻工业出版社，2010.

［3］赵建琴．如何科学有效地布置英语作业［J］．中国教师，2009（A2）．

动起来　更精彩

——小学中年级英语愉快课堂教学模式的探究

王玉芳

小学英语广州版的教材以话题作为编排线索，话题与学生的日常生活紧密联系，内容大多是学生亲身经历、日常喜爱的活动。但是英语这门学科对于这群活泼可爱的小学三年级学生来说，是一门全新的语言课程。中年级阶段学生的特点是活泼好动，短时记忆好，学习以直接兴趣为主，善于模仿，心理障碍小，接受能力强，好表现。根据这一特点，我们的英语课就要适当地让学生全身心地动起来。

一、动起来——学生身心健康发展的需要

三四年级学生的年龄一般在 9 ~ 10 岁，在小学教育中正处在从低年级向高年级的过渡期，生理和心理都有明显变化，他们有着低年级学生那种好动爱玩、注意力不够集中的特点，这一时期他们又开始逐渐从被动的学习向主动学习转变。一节课 40 分钟，他们只能专注 25 分钟左右，如果让中年级的学生整节课都是那样专心致志地、被动地听老师讲课，是多么困难的一件事。这样一节课下来，他们会非常疲惫，觉得学习非常乏味，逐渐地就会对学习失去信心。如果教师让学生在学习活动中交替使用不同的感觉器官和运动器官，不仅可以使学生减少疲劳，还能引起学生注意。课堂上让学生动一动，也有利于学生的身心发展。

二、动起来——调动学生学习积极性，培养学习兴趣

托尔斯泰曾说："成功的教学所需要的不是强制而是激发学生的兴趣。"一节英语课，如果能做到让学生觉得"一番滋味在心头"，恋恋不舍，意犹未尽，那就说明你的学生非常喜欢上英语课。一节乏味的英语课只会使学生被动地接受知识，并没有全身心地投入到学习中去。一节课若能让学生各种感官都参与到学习中去，全身心地投入，那么学生学习就会有兴趣，变被动为主动。因此英语课上，让学生做一做、说一说、演一演，动起来，调动各种感官，学生的学习积极性就会高涨，教学效果就会提高。

三、动起来——活跃课堂的气氛，创设良好的教学氛围

良好的课堂气氛能使学生情绪高昂，使学生的智力活动呈现出最佳状态；相反，低沉、冷漠、严厉、消极的课堂气氛往往会压抑学生的学习积极性。英语课上，教师能创设一些任务、小游戏等让学生共同做一做、动一动，不但能活跃课堂气氛，而且能增进师生之间、生生之间的情感交流。

四、动起来——有益于学生对所学知识的理解和记忆

多种感官的共同参与，使所学的知识在大脑留下的痕迹更深，更容易理解和记忆所学的知识。要想记牢单词，就得集中注意力，如要背单词，不仅要"口到"，还必须"眼到""手到""耳到""脑到"，口里念着单词，耳朵里听着，然后再记到心里去。"脑到"也是重要的，要开动脑筋，用心地记。利用多种感官记单词，使人眼、口、耳、手、脑并用，使人精神集中，这是最简单、最有效的方法。

在英语课上，老师可以设计一些活动让学生充分地动起来，做法有几点：

（一）上课之前动一动

现在很多英语老师喜欢在教学新课时让学生进行一个热身活动，形式很多：chant the rhyme，让学生一边有节奏地打着节拍一边读小诗；sing along，可以让学生边做动作边唱歌。课前的热身可以让学生更快地把注意力从下课渐渐地转移到上课中来，给整节课的气氛定下了基调，使学生以一种愉悦的心情去接受英语，从而使他们完全沉浸在学习英语的快乐之中。

在教学广州版英语三年级下册 Unit 4 时，上课前，利用多媒体教学平台让学生边拍手边看着 flash 唱 *Old McDonald* 这首歌，既能让学生将全身心投入到英语课堂上，又能通过学唱歌曲来初步学习一些动物的读法，把单词的学习放到愉悦的气氛中。

（二）教学单词动一动

有些比较抽象的单词很难用实物等直观教具呈现出来，学生理解起来也比较困难，例如，在教学形容词 strong，tall，short，slim，old 等的时候，这些单词比较难理解和记忆，笔者在教这些单词时让学生动一动，做做动作。教学 strong 时，笔者让学生做健美运动员秀肌肉的动作；教学 slim 时，笔者让他们成为“选美小姐”；教学 old 时，他们自己就会扮演成老爷爷、老奶奶了。笔者还把所教学的形容词编成一首比较押韵的小诗：

Tall tall tall，the boy is tall，
Short short short，baby is short，
Strong strong，father is strong，
Slim slim slim，mother is slim，
Old old old，grandma is old.

这首小诗比较容易上口，在读这首小诗时笔者让学生边读边做动作，不仅增强了学生对单词的理解和记忆，还对各单词的用法有一个示范作用，学生很喜欢读。

英语新课程强调要求学生在做中学，在玩中用，这样有利于发展语言运用的能力，有利于提高语言学习的动机，很多英语老师都会在学完单词后设计一些游戏让学生巩固所学的知识，在游戏中放松身心。下面介绍几种常用的游戏：

1. What is missing

这是训练学生对所学单词的记忆的游戏。教师可以用卡片或制作多媒体课件，把课堂上所教学的单词同时呈现出来，几秒钟后让其中的一个消失，然后教师说："Please guess what is missing?" 让学生把所缺的单词说出来。这个游戏对于培养学生的瞬时记忆力很有帮助，不过一次呈现的单词不能太多，以免学生记不住，猜不出来，给学生造成负担，失去游戏帮助学生记忆单词的意义。

2. Guessing games

在教学完单词后，教师先让同学们把单词巩固一下，然后出示一张单词的图片，请一名学生到前面猜，猜的学生面对全班同学，问："Is it a... ?" 全班学生答："Yes." 或 "No." 猜对可适当给予奖励。在教学完动物单词后，让学生猜，要求他们猜的时候要配上动作，例如一个学生猜 "Is it a rabbit ?" 时，他扮成小白兔可爱的样子，把同学们都惹笑了。这样的游戏，轻松愉快，同学们参与的热情十分高涨。

3. Change

教师要把所教学的单词写在卡片上（有的写中文，有的写英文）。卡片放入 "八宝" 盒子里，让学生在盒子里轮流摸宝，如果摸到的是写有英文的卡片，就要说出它的中文意思；如果是写着中文的卡片，则要他用英文说出来，说对的同学可适当给予奖励。

（三）操练句型动一动

句型的教学是英语教学的重点和难点。句型操练如果形式过于单一，学生就会感到枯燥乏味，从而影响课堂教学的效果。在操练句型时设计一些形式多样的活动，不仅能增加学生练习的机会，而且可以活跃课堂气氛，提高学生学习的积极性。

笔者在教学广州版小学英语三年级上册 Unit 17 时，在操练句型 “How many... are there?” 时，设计了这样一个活动：因为三年级的学生学的数字只是 “one” 至 “ten”，所以笔者让同学们去找喜欢的朋友，然后说：“Finger finger I like you.” 让他们随意地出示手指，其中的一个同学问：“How many fingers are there?” 另一个学生回答：“There are...” 这样使学生能在玩中操练句型，掌握知识。

（四）理解课文动一动

每篇英语课文都接近现实生活，来源于现实生活。如果只是一味地让学生读，只重视知识的输入，会使学生感到枯燥乏味，对英语的学习失去兴趣。我们要能把课文的知识转化成学生自己的东西，重视知识的输出过程。在教学课文时，教师要创设一些情景，让学生把课文演一演，或是改编课文进行表演。

例如，在教学 “Unit 13　It is my bedroom” 时，笔者用一些图片贴在墙上，在课室的一角设计出一个卧室的情景，让一个学生扮演老师，模仿老师到学生家进行家访，另一个学生向 “老师” 介绍自己的卧室。当学生在扮演的时候，我要求学生用上课文的句型就可以了，大胆地让他们创新，不必一字不漏地按照课文。当观众的同学也不能闲着，让他们当评委，让他们认真听，以便发现表演者的读音和语法的错误。

课文表演通过创设各种情景，给学生提供了一个广阔的舞台，学生在演中学、学中演、用中学、学中用，充分调动了口、手和脑，不知不觉地习得了语言，提高了口语的表达水平，逐渐把课本的知识内化成学生自己的东西，真正理解了、学到了、懂得了。

好动是孩子的天性，一节课中要是能让学生在伸伸胳膊、踢踢腿的过程中学习英语，学生们一定很乐于参与。一节课让学生动一动，如何做到适度，不把 “好动” 变成 “乱动” 呢？笔者认为可以从以下几个方面着手：

第一，把握好 “量”。一节课 40 分钟，中年级学生的注意力集中时间在25分钟左右。根据他们学习注意的特点，教师在设计课堂教学时就应该分配好教学知识的时间和设计活动的时间。

第二，教师在活动前要说明要求，并调控好课堂纪律。在活动前，教师就要向学生说明活动的要求，使学生明白自己要做些什么。教师要把握好活动的节奏，调控好课堂纪律，使活动严谨而不松散，紧凑而不拖沓。

第三，教师设计活动时要面向全体学生，使人人参与。教师在设计每个任务或活动时，要充分考虑到全班的学生是否都参与了。学生只有在活动中亲身经历和体验，他们所获得的知识才是真实和有效的。要使学生能够积极、广泛参与活动，教师在设计和实施每项活动时要考虑到所设计的活动是否尽量接近学生的经验，学生现有的水平是否能顺利地完成任务。活动的难度要由浅入深，使每个学生都有机会直接体验活动，学生的主体参与意识得以激发，参与学习活动的积极性得以提高，预设的教学目标也得以实现。

第四，可以适当地做做课间操。教师要学会察言观色，在看到大部分同学对学习感到疲倦时，如果这时你的教学环节还没有设计一些活动，你就可以带领全班的同学做做课间操。大家在教室里一起做一些肢体活动，以缓解学生的学习疲劳，调节课堂气氛，使同学们保持精力投入到下一段的学习中。

让学生在不知不觉中进行学习，是教学的高境界。在英语课堂上，如果能让学生充分调动耳、眼、口、手等多种感官，避免了因单调枯燥而使学生感到疲劳，让他们在和谐愉快的气氛中掌握知识，这一节课便是成功的。让我们的课动起来，学生学得更精彩。

参考文献

[1] 鲁子问. 小学英语活动设计与教学 [M]. 北京：高等教育出版社，2008.

[2] 张海金. 小学英语课堂游戏100例 [M]. 北京：外语教学与研究出版社，2003.

[3] 赵淑文. 小学生心理发展与心理健康 [M]. 北京：首都师范大学出版社，2007.

新课程理念下如何实施有效教学

——以数学教学为例

刘永洲

目前，在学校教学中有一个非常突出的问题：课堂上教师教得很累，学生学得也很辛苦，却没有获得真正有效的发展。这就需要有效的、有生命力的课堂教学。怎样改革旧有的学习方式，让学生利用动手实践、自主探索与合作交流的学习方式进行学习，在学习过程中让学生主动地经历观察、实验、猜测、验证、推理、交流等数学活动，是课改实验过程中重点探究的问题。教师必须运用科学的教学策略，使学生乐学，促进学生的全面发展。那么如何构建有效的数学课堂教学，如何提高课堂教学的有效性呢？笔者认为可以从以下几点做起：

一、情境创设，自主探索

《义务教育数学课程标准（2011 版）》指出：学生是数学学习的主人，教师是数学学习的组织者、引导者与合作者，并要求教师在教学行为上实行转变，由传统的以讲授为主导的教学转变为提倡自主探索和引导发现的教学。师生之间的关系不再是以知识传递为纽带，而是以情感交流为纽带；教师不再牵着学生走，而是要点燃火炬。因此，教师应在教学中不断创设情境，激发学生主动探索求知的欲望，使学生由被动式学习向主动式探索转变。笔者认为，在教学中引导学生独立思考、自主探究、合作交流，需要做好以下工作：

（1）要创设生动具体的教学情境，使学生勤于思考，乐于探究。引导学生合作交流要创设合作交流的情境，培养学生的合作意识。

因为合作不是一种顺从，而是一种相互认同，相互接纳。教学时要有意识地为学生创设合作交流的情境，鼓励学生发表自己的见解，并与同学互相交流。

(2) 要安排一些适量的、具有一定探索意义和开放性的问题；让学生有比较充分的思考空间，培养学生乐于探究、善于思考、勤于动手的习惯；让学生有机会在不断探索与创造的氛围中培养解决问题的能力，体会数学的价值；让学生尽快形成探索性学习的习惯，发展创新意识和创新能力。

二、激励评价，促进学生发展

传统教育长期单纯通过书面测验、考试来检查学生对知识技能掌握的程度，长此以往，在有意无意间泯灭了学生的好奇心，抑制和扼杀了学生的求知欲和创新能力。随着课程改革的深入，各种教学模式初探，综合评价学生在知识与技能、创新与实践、情感态度价值观等方面的变化和进步。教学中，教师要从全方位进行正确、肯定的评价，调动学生的主观能动性，使学生在学习中获得不断成功，从而尝到成功的乐趣。例如，教授《圆的周长》一课时，学生通过量一量、算一算、自己动手，探索出圆周长与圆直径的关系，为计算圆的周长打下基础。教师激励学生："早在一千多年前我国数学家祖冲之就发现了这个关系并计算出圆周率。同学们经过研究也发现了这个规律，你们真是当代的数学家啊。"这样的评价，其实就是用数学语言与学生进行了很好的交流，它有利于培养学生的个性，促进学生发展。

三、营造氛围，合作交流

开展自主合作交流的教学模式是学生主动学习的过程，学生只有通过自主探究才能有效实现建构。小学数学教学实践中，教师要为学生营造一种民主、和谐的氛围，通过组建合理的合作小组，让学生在轻松、和谐、自主的合作氛围中交流，培养合作意识和合作能力，并在互动中发展。可以分为以下三个步骤：

（一）合作探索，独立思考

合作学习有利于体现学生的主体性，有利于张扬学生的个性。教师要努力为学生创造条件，努力为学生提供合作学习的空间。学生们在小组合作前必须有一个较为充足的独立思考的时间，在自己原有的知识水平和能力上感受新知，进行思考，而不仅仅作为小组中的一位听众。此时，教师应鼓励学生，特别是能力中等和较弱的学生，引导其观察、审题。

（二）小组讨论，归纳结论

小组成员自主交流，互相讨论，相互解决问题，形成初步共识，得出结论。这不仅增强了小组内的合作交流，还发展了学生的思维，锻炼了口头表达能力。在互相学习的过程中能正确认识和评价自己，从而意识到与其他小组的差距，齐心协力共同进步。

（三）快乐评价，总结回顾

教师在尊重学生主体的同时，也不能忽视教师的主导作用，在课堂中，只有教师的主导作用与学生的主体作用协调发展，才能促进课堂教学。小组合作学习中，同样需要重视教师的引导作用，在“放”的过程中，充分发挥学生主体性，独立思考，讨论交流，然后要适当地“收”，集中对教学内容进行概括、小结，并积极引导学生进行评价、质疑，以求开拓创新。

通过开展互动有效的小组合作学习，这样既体现了合作学习的原则，又体现了个性发展的原则，让课堂焕发出生命力。

四、架设桥梁，联系生活

数学源于生活，寓于生活，用于生活。新课程改革重视数学教学生活化，引导学生联系生活学习数学。苏霍姆林斯基指出，教师在教学中如果不想方设法使学生产生情绪高昂和精神振奋的内心状态，而只是不动情感的脑力劳动，就会带来疲倦。因此，教师的教学应营造一种轻松愉快的情境，使学生乐此不疲地致力于学习。在教学中，以教材为蓝本，注重密切数学与现实生活的联系，创设轻松愉快的教学情境。因此，在教学时老师可针对学生的年龄特点、心理特征，密切联系学生的生活实际，精心创设生活问题情境，架设联系生活的桥梁，让学生在实际生活中运用数学知识，切实提高学生解决实际问题的能力。如在教授《学习正方形长方形的面积》时，通过比较教室里或周围的物体的面积的大小，使学生学会用数学的眼光观察周围事物。又如，在学习了“植树问题”后，问学生棵数和间隔有什么关系？这一环节充分利用学生已有的生活经验，把所学的知识应用到生活中去，解决身边的数学问题，体现身边的数学，从而使学生体会到学习数学对于我们的生活的重要性，激发了他们学好数学的强烈欲望。数学离不开生活，生活中处处有数学，它来源于生活又应用于生活，把数学与生活联系起来，使学生在不知不觉中感悟数学的真谛。

学习数学知识的目的就是应用，学生通过合作探究所学到的知识去解决实际问题，才是学习的最终目的。因此，知识的应用这一环节至关重要，它既要使每个学生的个性差异得到体现，又要激发学生的创新潜能，使学生真正感受到“数学在身边，生活有数学”。

有效教学是教师在达成教学目标和满足学生发展需要方面都很成功的教学行为，是教学的社会价值和个体价值的双重表现。无论课程改革到哪一步，“有效的课堂”是我们教师永恒的追求。教师要在新课程理念指导下，在发挥学生主体作用的前提下，改革课堂教学模式，提高课堂教学实效。

参考文献

陈清容．小学数学新课程教学法［M］．北京：首都师范大学出版社，2006.

语言开创魅力课堂新天地

杨志敏

一年级的儿童刚跨入小学校园，他们对于数学的感受，对于今后是否喜欢数学学习，能否学好数学十分关键。在课改教学实践中，笔者深刻地体会到教师应尽力使自己具备“儿童心灵”——用儿童的大脑去思考，用儿童的眼光去观察，用儿童的情感去体验，用儿童的兴趣去爱好，并用儿童的语言去表达。在不知不觉中打动学生心灵，带领他们去探索知识的奥秘。

一、语言送来温暖的春风

对于活泼好动的一年级孩子来说，真正能集中精神参与学习的时间一般只能保持十来分钟。此时，教师如果只是一味地批评，得到的效果可能适得其反。但如果给予善意的提醒，收效则截然不同。

当一个同学发言时，有些学生不注意倾听。这时教师可以表扬其他同学：“××同学听得真仔细，你瞧，他边听边点头呢！从他脸上的表情呀，老师知道他听懂了。”或者提问不注意倾听的学生：“你听到了吗？”还可以利用封面人物，“淘气和笑笑是最喜欢认真倾听的小朋友”，以引起学生的注意。

当课堂上一个环节结束时，需要学生收好学具进入下一个环节，而有些学生还沉浸在上一个环节的教学活动中。这时候，教师可以表扬还没有收好学具的同学：“××同学今天进步很快，只差一点就整理好了。”虽然他还没有整理好，但受到激励，他的动作更快了。还可以说：“比一比，谁最快！”“现在开始计时，3，2，1。”“××同学的学具找不到家了，同桌的小朋友快帮帮忙！”

教师利用语言来调节课堂教学，可以保证学生的学习效率。如在评讲一道练习时，学生们左思右想都找不出错误的原因，都茫然起来，并且开始失去耐心。这时，笔者灵机一动，对全班同学说："老师只把这个秘密告诉××同学。"学生们立刻被吸引了，都竖着小耳朵偷偷听老师的"悄悄话"，问题自然就圆满解决了。

二、语言激起美丽的浪花

学生的模仿力很强，受肯定与表扬的学生都是其他学生学习的榜样。教师要利用学生的从众、唯师心理培养学生良好的行为习惯。学生发言大声时，教师表扬："真响亮，真像个男子汉！""真好听！像森林里的百灵鸟。""还有更好的吗？""谁能说得更好点呢？"学生到黑板上板演，写得规范且字迹清楚，教师给予肯定："比老师写得还好！规范、清楚。""写得真漂亮，未来的书法家！"

当学生对所学知识缺乏兴趣时，教师的语言一样能发挥功效，创造良好的学习氛围。比如，练习课上学生的学习热情被一道道的习题浇灭时，教师可以采用激将法，调动学生的好胜心理，再次激起学习的热情。如"下面有一道难题，你们敢不敢试一试！""刚才的题目似乎太简单了，下面要加点难度，有信心挑战吗？""这些题目对同学们来说，真是小菜一碟，可是下面这道难题，把老师也难倒了，谁愿意来帮帮我？"

三、语言造就同一片蓝天

苏霍姆林斯基说过："成功的体验是一种巨大的情绪力量，他可以促进学生好好学习的愿望。"数学课堂教学中教师应多采用激励性评价，让不同的学生获得一种持续成功的体验，能够使数学课堂充满快乐的情感体验。

由于学生认知水平的差异，学生在课堂上的表现不尽相同。当学生正确回答时，教师要给予正面的评价，可以说："你很认真观察、善于发现问题，是个了不得的发现家。”“你很善于观察、判断，是个小柯南!” “你是一个提问能手!” 当学生的回答有失偏颇时，以往大多数老师便以“错了，请坐!” “不对！谁再来?” 这些单一的语言来否定学生的回答，并期盼其他学生的正确回答。而在新课程理念的指导下，老师们善于运用自己巧妙、机智的语言来纠正、鼓励学生的回答，注意情绪导向，做到引而不发。如：

“今天你的表现真出色，只是说得还不够全面，我请××同学帮你补充，好吗?”

“你能举手回答真好，不过，请你想一想再说，好吗?”

“很佩服你的勇气，让我们再来听听其他同学的回答，好吗?”

“你的说法不太确切，能否换个说法？相信你一定能表达出来，愿意再试一试吗?”

类似以上这种亲切的话语，既保护了学生的自尊心与积极性，又能积极引导学生进行深入思考，及时改正自己的错误或不足，使整个课堂产生融洽和谐的氛围，使学生身心愉悦地投入到学习中去。

在一次数学游戏活动中，一位平时不爱参与活动的学生，眼睛一直望着笔者，一副欲言又止的样子，终于忍不住举起了手。便问他：“你想告诉我们什么?”“老师，淘气说：‘我出 4’，可是，可是他的手里有 5 个东西。”一句话激起千层浪， “真的是 5 个，5 个……”同学们七嘴八舌地附和着，他的眼睛亮晶晶的，兴奋极了。“今天，我们的小发现家小旭可真厉害，他通过认真的观察发现书本中的错误，真是太了不起了，明天我们要写信给编书的叔叔、阿姨们，让他们把错误改掉，好吗?”学生们在笔者的带动下，鼓起了掌，眼里流露出羡慕的眼神，成功、喜悦之情首次出现在小旭稚气的小脸上。

此外，教师语言的缓急、语调的高低也是课堂上有效的语言“武器”，可以使教师的课堂语言更富感染力，帮助学生树立学好数学的信心，悦纳自我、展示自我，让数学课堂焕发无穷的魅力，让每一个孩子在数学学习中都说“我能行”。

悦学悦纳　精益求精

——浅谈“品德与生活”教学目标的达成

邵新柳

小学《品德与生活》教材编排的教学内容与学生的日常生活息息相关，它主要通过让孩子们认识大自然、了解生活的环境、认识身边的事物等，从而教育孩子们懂得如何去感受大自然、爱护生活环境、感受愉快的集体生活。在课堂上，教师要运用恰当的教学方法，多样的教学途径让学生学得更自如，领会得更加透彻。著名教育家布鲁纳说过：“知识的获得是一个主动的过程，学习者不应是信息的被动接受者，而应该是获取过程的主动参与者。”

在思想品德教学中，笔者主要是通过以下做法让学生在学习与实践中逐渐成长起来。

一、听而后学

思想品德教学可以通过音乐激发学生的学习情感。把音乐适当地引入思想品德课堂，既能有效地激发学生的学习情感，又能加深对课文内容的理解。例如，教学《春天在哪里》一课时，通过播放《春天在哪里》这首歌的视频，营造气氛，让学生感受春天的美，了解春天里自然界的美妙变化，知道春天所带来的快乐。小朋友们自然而然地随着优美的旋律在脑海里寻找春天。又如，教学《好大的一个家》一课时，笔者先播放《爱我中华》这首歌的视频，让同学们在动听的旋律中感知中国这个大家庭，了解中国是一个多民族国家，从而引起同学们对这个大家庭的兴趣。

二、察而后学

思想品德教材里有一些内容需要学生通过一段相当长的时间观察植物、动物等在不同时期里发生的不同变化，从而培养学生耐心、仔细的观察能力。比如，教学《植物的生长》和《可爱的小动物》时，笔者预先把任务布置好，让学生分组分工合作，记录好自己观察的植物或者动物在各个阶段的不同变化。经过了一段时间的观察和记录，他们已对所学的内容有了自己的认识和了解，然后再把学生们领进课堂，这样学生学起来就更加上心，更加有兴致。

三、写而后学

思想品德教材的有些内容是要求学生写一写的，老师可以把这部分的内容让学生先做好后再去学习教材。比如，教学《保护森林节约用纸》一课时，笔者让学生分好小组，写一写“用纸公约”和“用纸倡议书”，选几张好的贴在班上，准备就绪了，再带学生进入教材，进行深化教材内容的学习。又如，讲《人人有长处，合作力量大》一课时，笔者先给学生每人发一张个人特点调查表，填写的内容是：你最喜欢什么活动？你最拿手的是什么？你什么功课最棒？你什么功课最吃力？你觉得自己最大的优点是什么？你的缺点是什么？每位同学填好后，根据各人的不同特点，让他们分组合作完成一项任务，再告诉他们要事先分工，先商量好每个人做什么。在活动中，大家都能尽情地发挥自己的作用，任务都完成得很好。笔者又特意安排了几个同学去完成一项他们不擅长的任务。在完成任务速度和质量的对比之下，让同学们自己领会出“人人有长处，合作力量大”的道理。从而使学生更有兴趣，对教材内容领会得也更深透。

四、学而后做

思想品德教材里，有些是能让学生学完以后立刻做一做的。例如，教授《爱护我们的生活环境》一课时，笔者先让学生在预习了教材的教学内容后，根据所学到的知识观点，就地运用。

师：今天我们就来学习《爱护我们的生活环境》这一课。

生1：我知道要怎么做。

生2：我也知道。

师：那请你们说说看。

生1：爱护环境就是不踩草地。

生2：爱护环境就是爱护花草树木。

生3：爱护环境就是不能乱丢果皮和废纸。

生4：爱护环境就是不可以在墙上乱写乱画。

师：同学们说得很好。现在请大家打开课本第36页看看《爱护我们的生活环境》这一课，书上的内容其实同学们刚才已经说了，不过还有一点同学们没有想到，现在由老师来说。为了让我们生活的环境更加美丽、温暖，让我们生活得更加方便、和谐和舒服，我们还要做到互相帮助，团结友爱。比如，在看到行走不方便的老爷爷、老奶奶过马路时，我们要上前扶一把；看到在马路上玩耍的小朋友，我们要劝他离开；在公共汽车上要给老人、小孩和孕妇让座，等等。

现在回到我们的教室里，在这个大家共同生活的小环境里，依你们看，我们应该怎样爱护好它呢？现在我给你们三分钟时间在小组里讨论，然后我请一个小组的同学出来做做看，其他同学跟老师一起做评判，好吗？

生：好！

师：时间到，同学们刚才都讨论得特别激烈，相信每组同学都讨论出了各自的答案，现在我请一个小组作为代表出来示范。有请第二小组的同学出来。

只见第二小组的同学迅速地走了出来：有的走上讲台摆放好粉刷、粉笔、作业本；有的拿出一块干净的纸巾去擦墙壁和玻璃；有的把地上同学不小心掉下的废纸捡起来放到垃圾桶里……

师：他们做得好吗？

生：好！

师：有没有同学需要补充的？

生（举手）：有！

师：请你来补充。

这位学生出来把一些同学桌面上比较凌乱的书本摆放整齐，然后回到了自己的座位。

师：这个同学想得真周到，这里是公共场所，哪怕是自己桌面上的东西，也应该把它摆放整齐。我们生活的环境，无论是学校内还是学校外面，我们都应该好好爱护。只有在干净、整洁、文明、和谐的生活环境里，我们才能更加健康愉快地成长。所以我们应该从小开始，养成爱护生活环境的好习惯。

这一节课，老师并不费多少口舌，只需几句适当的提点，学生们就能领会教材的教学内容，并付诸行动。通过自己的实践，达到了本课的教学目的。

近年来，有识之士提出“让学生在活动中学习思品”“思品教学体现活动化”等观点。可见，思想品德的教学不能脱离实际活动，要多让学生参与到活动中来，做到学习与实践相辅相成。

在阅读教学中培养学生敏锐的语感

罗秀梅

《义务教育语文课程标准（2011 年版）》指出："培养学生热爱祖国语文的思想感情，指导学生正确地理解和运用祖国语文，丰富语言的积累，培养语感，发展思维……"由此可知，培养学生的语感是语文教学的一个重要组成部分。

什么是语感呢？语感是读者对语言文字的敏锐感受，就是在感知语言材料时直接产生的一种对语言文字含义、情味和理趣的理解力。

那么，教师如何在阅读教学中培养学生的语感呢？

一、生活中的积累，是积累语感的基础

怎样在学习语文的过程中强化学生的语感训练和积累呢？生活中的积累，是积累语感的基础。叶圣陶先生曾说："要求语感的敏锐，不能单从语言文字上去揣摩，应当把生活经验联系到语言文字上去。""单靠翻字典，就得不到什么深切的语感。唯有从生活方面去体验，把生活所得的一点一滴积聚起来，积聚得越多，了解越见深切。"从叶老的这段话中，我们可感知到：生活经验与语感积累的关系是非常重要的。

所谓"功夫在课外"，教师在平时的教学中要引导学生做生活的有心人，让学生留意身边的人和事，记录新人新事，从班内到校内，从课内到课外，从校园到社会，只有多留意生活，体验生活，才能不断积累语感。笔者的做法是要求学生不定时写日记，每周至少写两篇日记，这样既可以让学生养成观察生活、记录生活的习惯，也

不会增加学生的课业负担，避免学生为了应付老师而交出没有质量的日记。笔者力求学生的日记形式多样化，允许他们用自己喜欢的方式去记录生活，借此激发学生写日记的兴趣。

二、创设情境，是激发语感的关键

情境教学在小学语文特别是在小学中低年级语文课堂中显得尤为重要。那怎样才能激发语感呢？这在很大程度上要靠老师所创设的教学情境，采取各种措施进行引导，因为情境教学符合儿童的思维特点，若运用得好，学生就会感到如身临其境，思维活跃。因此，教师在教学中应努力创设情境。

例如，在《数星星的孩子》一文中，“奶奶笑着说：‘傻孩子，又在数星星了。’”这里的“傻”是奶奶真的认为张衡很傻吗？教师用两种不同的语气引导学生，一种是生气责备的语气，另一种是亲切疼爱的语气读奶奶的话，并回忆以前学过的小壁虎妈妈的话（此为创设情境），作为启发学生思考领悟的联系点，让学生通过回忆旧知识并区别比较体会出奶奶说这句话的心情，明确这句话实际上是表现奶奶对张衡的关爱之情，并从中表现了张衡从小就喜爱天文的内涵。

又如，教授《小小的船》一课时，笔者这样创设情境：首先，笔者在黑板上画了一幅精美的简笔画，再以饱含激情的声音为学生范读，让他们想象这是怎样的一个画面，学生似乎感受到了夏夜星空的美。有的说：“我看见天上有很多一闪一闪的星星。”有的说：“我好像在空中坐在弯弯的月儿上，摇来摇去，真好玩。”在学生兴致高昂的时候，笔者适时引导学生说出怎样的星星，怎样的月儿，怎样的天。又让学生配上优美的音乐美美地朗读全文，然后把课文变成歌曲配上动作去演读。使学生切身感受到晴朗夜空的美丽，培养热爱大自然的感情。从而使学生在朗读的过程中加深了理解和体验，受到了情感美的滋养和艺术美的熏陶。

三、自读自悟，是训练语感的妙诀

在现代教育技术飞速发展的今天，笔者发现，过去的一段时间，语文阅读教学过多地依赖于多媒体的运用。特别是上公开课，使用多媒体的频率特别高。有时大家为了上一节公开课，课前执教教师花费了大量的时间，做了大量的准备，课堂上图像、动画、视频蜂拥而至，媒体演示色彩纷呈，接连不断，弄得学生眼花缭乱，可是四十分钟下来，学生竟然没有捧起书本细读一次。这种过多地使用课件来图解课文的教学方式，影响了学生通过阅读课文获得感悟的体验，扼杀了学生丰富的想象和联想。不禁要问：学生认真动脑思考了吗？语文阅读教学目标有没有落到实处？显然，这背离了教学的初衷，教学手段变成了教学的目的。

《义务教育语文课程标准（2011年版）》也明确指出："阅读是学生个性化行为，不应以教师的分析来代替学生的阅读实践。"由此可知，语文阅读教学，就应让学生充分地读书。教师应留给学生充足读书的时间。熟读成诵更是积累语言的关键。在语文阅读教学中，应努力实践以读为本的教学方式，倡导学生自读自悟的自主学习方法。

教授《地震中的父与子》一课时，为了给学生充足的读书时间，笔者的教学安排如下：

1. 学生默读课文（提示：你们发现课文中出现类似的话吗？请同学们用笔画一画，再读一读）。

2. 学生齐声朗读重点句："不论发生什么，我总会跟你在一起！"

3. 学生小声读课文，边读边思考（提示：课文中出现类似的话有几处，分别在什么情况下出现的）。

4. 学生进行小组讨论，交流相关语句，再推荐代表，将句子写在黑板上。

5. 学生说话练习，全班交流每一处出现的具体情况。

学生甲：第一处是父亲望着地震后掩埋在一片废墟中的儿子，想起自己常对儿子说的一句话“不论发生什么，我总会跟你在一起！”

学生乙：第二处是儿子掩埋在一片废墟下长达38小时没有害怕，他想对父亲说“因为你说过，不论发生什么，你总会和我在一起！”

学生丙：第三处是当安全出口开辟出来后，儿子执意让自己的同学先出来，他对父亲说“不论发生什么，我知道你总会跟我在一起！”

6. 指导学生有感情地朗读：刚才，同学们已发现课文中三次出现类似的话，请想一想，每一次让我们感受到什么？再饱含深情地读一读。

7. 指名学生朗读：在学生交流感受的基础上指名学生有感情地读一读。

8. 师引读，生跟读（师生配合读）。

教师引读：“父亲望着掩埋在一片废墟中的儿子，没有绝望，他想起自己常对儿子说的一句话——”（女生齐读）“不论发生什么，我总会跟你在一起！”

教师引读：“当儿子掩埋在一片废墟下长达38小时没有害怕，还鼓励同学不要害怕，他想对父亲说——”（男生齐读）“因为你说过，不论发生什么，你总会和我在一起！”

教师引读：“当安全出口开辟出来后，儿子执意让自己的同学先出来，他对父亲说——”（全班齐读）“不论发生什么，我知道你总会跟我在一起！”

9. 教师总结：是的，一句平实的话语，却连接着两颗心。父亲和儿子都是了不起的，父亲对儿子的爱让我们感动，儿子对父亲的信任更让我们感动。这对了不起的父与子共同创造了神话般的奇迹——（学生读）“这对了不起的父与子无比幸福地紧紧拥抱在一起。”

教师应多次请学生读，认认真真地读，一遍又一遍地读，或默读，或轻声读；或指名读，或师生配合读；或小组齐读，或全班齐读，让学生在一次又一次的朗读中对课文的语言烂熟于心，加深对课文的感悟和理解。熟读成诵，才能丰富学生语言的积累，培养学生的语感。

在参加同行的一些观摩示范课中，有些老师以自己的实际行动大力倡导学生自读自悟，不搞花架子。他们留给笔者印象最深的是：扎实、朴实、真实。实践证明，自读自悟，是训练语感的妙诀。

四、扩大阅读，是提升语感的有力保障

在课程标准中就要求“养成读书看报的习惯，扩大阅读范围，拓展自己的视野，广泛阅读各种类型的读物”。那么，兴趣是最好的老师。比如，在低年级教学中，教师可以要求学生在课余时间阅读一些注上拼音的童话故事书、漫画书籍等，利用班会课让学生讲故事、谈体会，给他们展示才能的机会。教师还要注意学生的个体差异，正确看待每位学生，充分肯定每个学生的进步，让每个学生都体验到阅读成功的乐趣，从而促使每个学生都养成阅读的习惯，促进其阅读能力的形成和阅读水平的提升。一个学生只有具备了广泛的阅读兴趣，才会积极主动地去阅读，才会自主地选择阅读材料，不断扩大自己的阅读面，增加自己的阅读量。

阅读兴趣是构成阅读品质的重要心理因素，是阅读中积极健康的情感态度的具体表现，是养成阅读习惯、形成阅读能力的前提条件。在课堂教学中，如进行配乐朗读、分角色朗读、比赛朗读、表演读等，对激发学生的朗读兴趣也起到很大的作用。通过多样化的朗读形式，让学生得到充分的阅读审美的享受。培养了学生的阅读兴趣以后，学生爱上了读书，就会为学生扩大阅读提供了保障，而大量的课外阅读可以提升学生的语感。

国家新一轮基础教育课程改革取得了许多成果，同时，我们也要静下心来认真地反思自己走过的路程，努力去探索语文阅读教学

的真谛。经过这几年的不断实践、反思、探索，笔者真真切切地体会到，鼓励学生积累生活经验，在课堂教学中创设情境，让学生自读自悟并扩大阅读量，是提升学生语感的有效方法。

参考文献

［1］义务教育语文课程标准：2011 年版［M］. 北京：北京师范大学出版社，2012.

［2］王文彦，蔡明．语文课程与教学论［M］. 北京：高等教育出版社，2002.

［3］教育部基础教育司．走进新课程：与课程实施者对话［M］. 北京：北京师范大学出版社，2002.

［4］色勒扎布．体验与语感［M］. 北京：民族出版社，2008.

“自主”
——思维自由驰骋的翅膀

钟秀琼

教育是一项创造性的活动，每个教师都在进行着自己的创造。教书育人，辛勤劳作，为党和国家的素质教育奉献着自己的一份力。要成为一个成功的教师，成为一个学生喜欢的老师，有诸多因素，譬如平易近人、风趣幽默等。在教学中，笔者总结出了“让学生在愉快的氛围中自主学习”这个法宝，深感其重要性和必要性。

一、营造富有乐趣的教学氛围，让学生在快乐中学习

在40分钟的课堂中，不仅要帮助学生掌握英语基础知识，还要创设各种相关的新情境。启发学生大胆创新，学会合作，在对已学内容理解和记忆的基础上进行自由交流，培养学生运用英语的能力。教师应充分利用实物、图片等直观教具，以及信号刺激——词汇的音形，充分利用这两种刺激对学生进行协同作用，其教学效果之佳，是显而易见的。如教英语单词，让学生眼看图片和词形，口读、耳听语音，手做动作，就能更有效地提高课堂教学效率。同时，发挥教师的主导作用，注意学生的主体性和差异性，让每一个学生都参与到学习活动中去。“把课堂还给学生，让课堂焕发出生命力”是叶澜教授一直提倡的。英语课堂教学要体现在“动”上，动则“活”、则“灵”、则“成”。课堂上要尽量做到学生主动，师生配合，教学相长。

例如，在讲“can”这个词时，首先说“can”是一个情态动词，表示“能，会”。笔者在这节课的教学改变以往的方式，不直接讲

“can”的用法，而是通过一系列的活动完成。第一步展示一张图，上面画有许多俱乐部在招收学员，有 Art Club，Music Club，Chess Club，English Club，Swimming Club 等。调查同学们对现有课外小组的喜欢程度，“Do you like the English club? Yes，I do. / No，I don't.”组长调查本组同学希望成立什么样的课外小组；然后各组组长向全班汇报调查结果。通过这个任务引入目标句型并让学生熟练运用，再让学生招聘人员，组长随时观察、协调、督促并组织讨论细节问题，如招聘人数、要求等；组长总结小组活动情况，叮嘱同伴积极准备现场招聘会。完成任务所需要的语言结构写在黑板上：“What can you do? I can do Chinese Kung Fu.”

这个活动目的在于培养学生的合作意识和团队精神，激发学生主动探索知识的欲望，培养学生动手能力，展示学生的个性。学生们都很愿意在别人面前表现自己。“What can you do ? I can draw the poster.”听着他们之间的对话，看来达到目的了，他们已进入了状态。

二、情境展示，唤起学生学习的好奇心和求知欲

知识只有通过学生的主动参与，自主探索，才能转化为学生自己的知识，为学生创设主动参与的情境至关重要。

（一）“悬念”情境

努力创设各种教学情景，激发学生的学习兴趣和求知欲；启发学生“于不疑处生疑”，让学生有所发现，有所创见。如在讲“Where is it?”时，笔者用泡沫纸在黑板上设计了一个小房子，并依次分别出示它的屋顶和墙壁，鲜艳的颜色一下抓住了学生，不规则的形状唤起了学生强烈的好奇心，学生任意发挥自己的想象，去猜去答。同时，设置了一个小花猫的真实情景，自然地引出主体句式：“Where is the cat?”使学生在疑中学，在疑中答，进而提高学生思考、探索及动手解决问题的能力。我们知道，好奇心是最好的老师，

只有充分调动学生的好奇心，才能变“要我学”为“我要学”，改变学生被动的学习态度，自觉地参与到课堂中来。

（二）“空白”情境

教师要善于为学生创设行为上的“空白”情境，留给学生足够的空间和时间，使他们主动融入“空白”情境，能静下心来，搜索丰富的资料，进行深层的思索，以发挥其内在的创造潜力。如在讲“Day and Night”一课时，笔者在黑板上画了一个表的形状。让学生思考这样的问题：“What do you do in the morning/afternoon/evening?”学生自发地融入了这一情境，在思考、总结、回答的同时学习了本课中的新单词和词组。

（三）“成功”情境

教师要努力创设“成功”情境，让每位学生在顺境学习中体验快乐，在逆境探索中体验成功，使学生拥有主动参与的情感体验。教学活动要贴近学生的生活和特点，要为每一个学生创造体验成功的机会，在课上要多表扬，勤鼓励。不要吝啬你的微笑，因为学生会从微笑中找到自信；不要吝啬你赞赏的话语，因为学生会从赞赏中产生出新的求知欲。

三、结尾设疑，引导学生进行下一步的学习

学习是一种连贯的行为，学生仅仅在课上自觉地参与学习是不够的，这种自觉性还应延伸到课外的学习活动中去，这就需要课堂的结尾也要有“画龙点睛”的效果。例如，在最后的两分钟设置一个竞猜的环节，把教师要留的作业巧妙地融入其中。在学习“How Many”一课时，笔者利用最后的两分钟，让学生快速地看了一幅图，在一分钟内把它收好并向学生提出新的问题：“What can you see in the picture? How many...”学生涣散的精力一下子又被调动了起来，在听了学生的回答后，笔者说：“Do you want to know? Ok! Read your book after class，please?”下课后没有一个学生走出教室，一个个小脑袋全都扎进了书里去找答案，不用老师留作业，他们已经在做预习下一课的作业了。

总之，在课堂教学中确立以学生为中心，灵活处理教材，努力营造生活化的课堂教学环境，把课堂教学活动置于学生熟悉的生活情景之中，在无形中淡化学生意识、学习意识，强化主体意识、生活意识，使学生在轻松愉悦之中步入英语学习的殿堂。学生在与文本、教师、同学的平等对话中，思维得以自由驰骋，从而让学生感受到自身的价值，感受到共享的甜蜜，感受到成功的快乐！

参考文献

［1］吴效锋. 新课程怎样教：教学艺术与实践［M］. 沈阳：沈阳出版社，2002.

［2］张正东. 外语教学技巧新论［M］. 北京：科学出版社，1999.

追求朴实无华　回归学科本色

毕天峰

“品德与生活”课程以儿童的生活为基础，儿童的品德和社会性源于他们对生活的认识、体验和感悟，儿童的现实生活对其品德的形成和社会性发展具有特殊的价值。教育的内容和形式必须贴近儿童的生活，反映儿童的需要，让他们从自己的世界出发，用自己的眼睛观察社会，用自己的心灵感受社会，用自己的方式研究社会。课程以儿童生活为基础，但并不是儿童生活的简单翻版，课程的教育意义在于对儿童生活的引导，用经过生活锤炼的有意义的教育内容教育儿童。

不难发现，当前的教学存在一些误区：品德课堂教学，脱离儿童的现实生活世界，局限于书本的世界，使品德教学无法真正触及儿童的真实内心，未能对儿童产生触动和影响。首先，教学中重灌输，轻体验，忽视了学生主体精神的存在，忽视了儿童的心理体验，学生学的只是枯燥的条条框框。其次，课堂上重说教，轻养成，没有把道德规范真正落实到学生的行为上。那么，如何让我们的品德教学走进学生的生活，指导学生的生活呢?

如果教学能真正根植于真实的社会生活，真正走进学生的特殊生活世界，教学实例来源于学生的生活实际，贴近学生的特殊生活世界，在学生最熟悉、最普通的生活情境中去呈现问题，引导学生用他们独有的心理、眼光去观察生活中的问题，引导他们以自己认可的方式去解决生活中的问题，引导他们用自己的语言去表达生活的感受，那么，“我们选择一种什么样的教育，就为孩子选择了一种什么样的生活”。这种源于学生生活实际的教育活动，必将引发他们内心的道德情感，必将引发他们的真实的道德体验和道德认知。

一、从生活中来，使学生真正体验生活

长期以来，造成品德教育实效性差的根本原因在于我们总是把品德从人与社会生活中剥离出来，将它作为一种孤立现象来对待。教学内容学科化、知识化倾向严重，强调严密的知识体系结构，在教学中教师又采取灌输、强制的方式进行教学，将道德学习等同于一般学科知识和技能的学习，造成了课程与生活的脱节。鉴于此，新课程标准指出："儿童的品德和社会性源于他们对生活的认识、有针对性的生活的事例、问题，使教学内容更加生活化、情境化。"

例如，教学《我长大了》一课，为了培养学生形成正确的情感、态度、价值观，课前笔者布置学生收集自己幼时的出生证、出生纪念卡、纪念册以及反映自己成长的照片、幼儿用品等，在课堂上向同学展示，回忆自己的成长历程。在课堂中，他们把自己的物品向大家进行了展示，回忆了自己有趣的童年生活，懂得了自己一天一天地长大，不仅身体在长大，知识也丰富了，生活、学习的本领也增强了。另外，为了让学生了解父母一天要做的事，课前发下记录表，让学生从生活中观察父母一天的活动，什么时候起床、干些什么、晚上什么时候回家、又在忙什么，等等，并写上自己的感受。从而让学生知道了父母养育自己是非常辛苦的，懂得了要感恩，取得了良好的效果，课堂回归到了生活。所以，儿童品德形成和社会发展性要从他们对生活的认识、体验和感悟开始，力争将学生学习的过程引向生活世界，让学生在生活中感受和理解品德，认识社会，得到锻炼。

二、创设生活情境，使课堂生活化

品德教育寓于儿童的全部生活，没有能与生活分离的"纯道德"的生活。新课标指出："儿童品德的形成源于他们对生活的体验、认识和感悟，只有源于儿童实际生活的教育活动才能引发他们内心的

而非表面的道德情感、真实的而非虚假的道德体验和道德认知。”情境以强烈的真实性、启迪性、情感性可以使学生的感性认识提升到理性认识，从而外化为相似情境下的道德判断、道德行为。

在教学《我长大了》一课时，笔者创设了如下几个情境：

情境一：感悟成长。先让学生畅所欲言，说说自己的身体有什么变化，算一算他们比出生时身高长高了多少，体重增加了多少；再让学生之间比一比谁是全班的“身高明星”“体重明星”。学生都处在积极的感性活动中，他们从自身的身体变化初步感悟自己长大了。

情境二：分享成长的乐与悲。这个环节是让学生在感悟到自己成长后，回想生活中的乐事、趣事或烦恼，与同学交流，并让学生带上一些照片、有意义的物品等进行展示，说说心里话，让他们产生情感共鸣，从而使学生从成长的乐与悲中进一步感悟到长大是一个多么丰富的过程。

情境三：感恩父母。为了引导学生体谅父母的辛苦，尽量不给父母添麻烦，创设了这样一个情境：一位小女孩把红领巾落在家里了，打电话要她妈妈送到学校来。然后老师当“妈妈”，请一位同学与“妈妈”进行对话。

师：喂，什么事啊？

生：妈妈，我红领巾忘带了，你现在马上给我送过来。

师：妈妈现在有急事，要去开会，能不能中午的时候给你送过去？

生：不行，一定要马上送过来。

对话完毕后，笔者让学生说说妈妈回家拿红领巾，再送到学校交给小朋友，然后匆匆忙忙赶去开会的过程。这时，有学生喊道：“这么麻烦啊！”笔者因势利导，问：“小朋友们，看到这，你有什么想说的吗？”

生：妈妈赶来赶去，太辛苦了。

生：原来我以为的一件小事，却会给妈妈带来那么多的麻烦，还影响了她的工作，真不应该，以后我再也不会这样做了。

生：我以后会每天检查自己书包里的东西，这样就不会把东西落在家里，要爸爸妈妈送过来了。

情境的创设、学生的表演是为了通过对生活的模拟，使抽象的道德认知生活化，用认知引导行为，引导他们从自己的生活表现中去发现问题，从生活体验中激起真正的思考，从而反思自我。

这样的课，虽然看上去不是热热闹闹，却实实在在，相信经过这样的学习后，在学生的内心深处会留下深刻的烙印。

三、通过实践，使课堂延伸到生活

品德教育必然要以儿童的生活世界为其归宿，如果不能真正回到学生的生活中去，不能对他们的生活产生积极的作用和影响，这种德育就是失败的。这就要求我们的教学必须由课内向课外延伸，通过各种各样的实践活动，促使学生把所学的道德知识在日常生活的真实环境中去感受、实践，使之得到巩固、深化，从而提高学生的认识，塑造良好的品德。

在《我长大了》一课中，通过以上几个环节的活动，使学生能真正地体会到自己的长大，它不仅仅是身体上的长大，更多的是知识的增多、生活技能的提高和学习能力的增强。课堂最后一个环节让学生设计“成长记录册”，让学生们用不同的方法把成长的乐与悲记录下来，与大家一起分享“我真的长大了”。之后，笔者设计了一个课外延伸环节：“请同学们订一个‘我能为父母做点啥’行动计划，并从今天开始实施你的计划，从你打算开始做的事情中选一件，悄悄地开始做，悄悄地观察爸爸妈妈的反应。下周回到学校后，把你做的和观察的告诉小伙伴或老师，让我们一起分享你的快乐。”

学生从课堂走向了现实生活，把活动延伸到了课外，让学生把课堂上明白的道理落实到行动上，实现了课堂教学回归生活这一理念，真正做到了学以致用。儿童品德的形成不是靠一两节品德课就能形成良好的道德规范，它是在儿童整体生活中实现的，它需要时间和空间，再结合自己的生活去消化课堂内容，去积累自己的生活经验，以内化成自我的道德规范。

综上所述，教育要回归生活，只有真正走向生活，才会使学生受到真教育，提升品德修养。因此，在教学中，我们要善于创设生活化的课堂情境，善于撷取真实的、贴近学生生活的场景和事例来教育学生，以提高学生的道德认知水平，培养学生良好的道德行为，并延伸到课外，付诸生活实际，进一步提高学生自身的道德修养。

参考文献

林崇德. 教育的智慧［M］. 北京：北京师范大学出版社，2005.

激发小学生英语学习兴趣小尝试

罗书英

教育心理学告诉我们：小学生的年龄特点是好奇心强、模仿性强、生性好动，有意注意持续时间相对较短。语言学习本身是较为单调枯燥的，而一味以教师讲、学生听这种教学形式，势必使学生学习兴趣荡然无存。著名教育家陶行知先生说："教学艺术就在于设法引起学生的兴趣，有了兴趣就肯用全部的精力去做事情。"陶行知先生还认为："只要学生感兴趣的东西，他们就有求知欲，没有兴趣就不会有求知欲，学习热情大减，从而直接影响学习效果。"情境教学就是一种促使教学过程变成一种永远能引起学生极大的兴趣，能激发学生向知识领域不断探索的教育方法。正如布鲁姆所说："成功的外语课堂教学应当在课内创设更多的情境，让学生有机会运用已学到的语言材料。"在英语教学过程中，教师要充分创设情境，激发学生的兴趣，调动学生的思维，使学生会探索、会学习、会运用。

一、创造轻松愉快的学习环境

课堂上，英语教师精力充沛，情绪饱满，讲课时面带微笑，对学生热情而有耐心。学生答对时，教师要常说："Good/Yes/Ok. Well-done/Thank you/You're great/Wonderful."学生说错了，教师会说："Try again/Don't worry."学生觉得很难表达而想放弃时，教师会鼓励说："Try your best."所以，学生在回答问题时就无后顾之忧，课堂发言会积极踊跃。

二、利用生动有趣的教学方法，激发学生学习兴趣

丰富多彩的游戏最容易引起儿童的注意，也最能激发他们的学习兴趣。小学生年纪小，好新奇，好活动，教师应抓住小学生好动的特点。在教人体部位单词时，老师可以让学生摸着自己或别人的头、脸、鼻、眼睛、耳朵等，说 head，face，nose，eye，ear 等，然后老师发指令，学生随即做动作，并在小组间开展竞赛，这样做能够激发学生的兴趣，整个课堂气氛立即活跃起来，教师加快指令的节奏，学生的反应随之加快，学生的眼、口、耳、手多种感官并用，精神高度集中，脑筋快速运转，反应灵敏，印象深刻。

三、利用多媒体进行情景教学，提高学生学习兴趣

现代教学，不能停留在过去的“黑板 + 粉笔”的教学模式，而应适应小学生的心理特征，采用多媒体教学手段。《九年义务教育全日制英语教学大纲》指出：“利用实物、挂图、录音机、幻灯机、电视机、录像片、电影和计算机进行英语教学，形象直观，生动活泼，有助于学生直接理解所学的英语。”因此，作为现代教育者，就要经常利用图片、实物、录音机、幻灯机、录像片等辅助工具，利用情景和设置情景进行教学。这样，就能够使学生直接地、具体地获得英语知识。比如，笔者在教“学习用品”一类单词时，拿出一支钢笔说：“This is a pen.”又指着铅笔说：“That is a pencil.”然后让学生学习“pen”和“pencil”这两个单词，学生就很直观地学会了它们。在讲到“职业”类内容时，笔者先出示医生、护士、教师、农夫身份的挂图，接着边指着彩图，边用英语向学生介绍 doctor，nurse，teacher，farmer 等单词。他们耳朵听着单词读音，眼里看着图画，很快就能掌握这些单词。有时也可以带一些水果、茶杯、杂志封面、玩具等东西，进行实物教学；还可让学生做出一些表情、动作，或让他们到黑板上画出简笔画或编一些短剧进行即兴表演，

创设一些情景。除了用图片、实物教学外，还要充分利用现有的电教设备服务于教学。教读课文时，可用录音机播放课文，让学生仔细听音，认真模仿，学习标准的语音语调，还可利用录音机的录音功能，自制符合课文内容的录音，供学生学习。如在教“animals”时，可先录下牛、狗、猫等动物的声音，在课堂上放录音，学生们有声有色地模仿这些不同动物的叫声；而当录音机放出这些动物相应的单词读音时，他们又兴致勃勃地大声跟读“cow”“dog”“cat”等单词，课堂上响起了“哞哞”“汪汪”“喵喵”等动物叫声和英语朗读声，伴随而来的是一片欢笑声，整个教室洋溢着愉快的气氛。还可用幻灯片将所教的物体或单词显现出来，刺激他们的感官，增强印象。有条件的话，甚至可用录像机拍下与课文内容相符的景象，进行视频教学。例如，在教授有关汽车的内容时，教师可预先在马路上、停车场拍下款式不同、风格各异的汽车，动态的、静态的汽车，把行进中的引擎声、喇叭声都录下来。这无疑会引起学生极浓的兴趣，充分调动他们的各种感官参与教学活动。声音和形象相结合，语言和情景相交融，使学生仿佛进入了语言活动的真实情景，收到了很强的临场效果。通过耳濡目染，极大地增强了学生的识记能力，增强了学习效果，把枯燥的语言学习变成了轻松的视频欣赏。

四、运用竞赛法，培养学生学习兴趣

在英语课堂中引入竞争机制，营造比、学、赶、帮、超的学习氛围，能充分调动学生的学习兴趣，开掘学习潜能，提高他们的学习自觉性和思维水平，使学生体验到竞争成功的喜悦。对自尊心、荣誉感都很强的儿童来说，竞赛的形式往往能大大地调动学生学习的积极性。俗话说：“水激石鸣，人激则进。”说的就是这个道理。笔者在复习表示动作和指令的词时，把学生分成四组，每组每次派出一名代表，按照老师的指令做活动。比如，“Touch your head! Show me your ruler!”“Open the door!”“Raise your left hand!”获胜者将为他们组赢得一面小红旗，最后选出优胜组，并给予相应的奖励。少年儿童有争强好胜心理，实行此法教学，课堂气氛一下子热烈起来。可以分小组竞赛、男女生之间竞赛、自由组合竞赛、个人挑战竞赛等。如教单词可竞赛谁读得准、谁写得好，教会话时可竞赛谁对话正确、流利，竞赛哪个组、哪个同学先背出来。竞赛项目一出来，同学们的学习热情立刻高涨起来，学习自觉性增强，学习效率就大大提高了，而且在激烈的竞争中，学生学得主动，记得牢固。

德国教育家第斯多惠说："教育是一种不在于传播本领，而在于激励、唤醒和鼓励的教学艺术。"因此，我们在英语课堂教学中，从培养学习兴趣入手，遵循教学规律，灵活运用教学方法，营造一种轻松、活泼、和谐的教学氛围，这样才能更好地调动学生学习的积极性和主动性，使学生乐于参与，乐于竞争，乐于学习，为今后的学习奠定良好基础。